TOP 10 VANCOUVER & VICTORIA

CONSTANCE BRISSENDEN

DK
DORLING KINDERSLEY

Links **False Creek, Vancouver** Rechts **Schaufenster, Robson Street**

EIN DORLING KINDERSLEY BUCH

www.dorlingkindersley.de

Produktion *International Book Productions Inc., Toronto*
Texte *Constance Brissenden*
Fotografien *Cylla von Tiedemann*
Kartografie *Casper Morris*
Redaktion & Gestaltung *Dorling Kindersley Ltd.*

Aktualisierte Neuauflage 2013 / 2014

Programmleitung *Dr. Jörg Theilacker, Dorling Kindersley Verlag*
Übersetzung *Barbara Rusch, München*
Redaktion *Birgit Walter, Augsburg*
Schlussredaktion *Regine Schmitt, München*
Satz & Produktion *Dorling Kindersley Verlag*
Lithografie *Colourscan, Singapur*
Druck *South China Printing Co. Ltd., China*

ISBN 978-3-8310-1793-5
2 3 4 5 15 14 13 12

Die Top-10-Listen in diesem Buch sind nicht nach Rängen oder Qualität geordnet. Alle zehn Einträge sind in den Augen des Herausgebers von gleicher Bedeutung.

Inhalt

Top 10 Vancouver & Victoria

Die Informationen in diesem Top-10-Reiseführer werden regelmäßig überprüft.

Wir haben uns intensiv bemüht, die Informationen in diesem Buch zum Zeitpunkt der Drucklegung auf den neuesten Stand zu bringen. Angaben wie Telefonnummern, Öffnungszeiten, Preise, Ausstellungen und Fahrpläne unterliegen jedoch Veränderungen. Der Herausgeber kann für eventuell hieraus entstehende Schäden nicht haftbar gemacht werden. Für Hinweise, Verbesserungsvorschläge und Korrekturen ist der Verlag dankbar. Bitte richten Sie Ihr Schreiben an:

Dorling Kindersley Verlag GmbH
Redaktion Reiseführer
Arnulfstraße 124
80636 München
travel@dk-germany.de

Links **BC Parliament Buildings bei Nacht** Rechts **Skyride, Grouse Mountain**

Links **Totempfähle, Stanley Park** Rechts **Skifahrer, Whistler Mountain**

Vancouver im Internet **www.tourismvancouver.com**

TOP 10 VANCOUVER & VICTORIA

TOP 10 VANCOUVER & VICTORIA

TOP 10 Highlights

Vancouver liegt zwischen den Sandstränden des Pazifiks und den majestätischen Coast Mountains so reizvoll wie kaum eine andere Stadt der Welt. Die Metropole an Kanadas Westküste bietet eine bunte, reiche Kulturszene sowie exzellente Restaurants und Hotels. Sie rangiert in puncto Lebensqualität weltweit an der Spitze. Nur eine kurze Überfahrt mit der Fähre entfernt auf Vancouver Island liegt Victoria. Die ruhige Stadt ist ein hervorragender Ausgangspunkt für Ausflüge in die herrliche Natur der Insel.

1 Stanley Park

Der 1886 angelegte Stanley Park am Burrard Inlet, der drittgrößte Stadtpark Nordamerikas, bietet eine faszinierende Kombination aus Wald, Meer und Stränden sowie einen Rundweg auf dem Uferdamm *(siehe S. 8–11)*.

2 Canada Place

Der für die Expo '86 erbaute Canada Place ist ein auffälliger Messe- und Hotelkomplex am Hafen von Vancouver. An der schönen Promenade ankern Kreuzfahrtschiffe *(siehe S. 12f)*.

3 Capilano Suspension Bridge

Kaum weniger aufregend als die schwankende Holzbrücke hoch über dem Capilano River ist der Aufstieg in die Baumkronen auf einem Plankenweg. In wunderschöner Natur lernt man hier Lokalgeschichte, die Ökologie des Waldes und die Kultur der First Nations kennen *(siehe S. 14f)*.

4 University of British Columbia Museum of Anthropology

Das Museum besitzt eine exzellente Sammlung mit Kunstwerken der Indianer der Nordwestküste. Die Koerner Ceramics Gallery präsentiert Keramik (15.–19. Jh.) aus Europa *(siehe S. 16f)*.

5 Vancouver Art Gallery

Die Galerie zeigt internationale Kunst und Kunst der Westküste. Zur Sammlung gehören Regenwaldbilder der Malerin Emily Carr und radikale Konzeptkunst *(siehe S. 18f)*.

Vorhergehende Doppelseite **Blick auf die Downtown von Vancouver mit dem Canada Place im Vordergrund**

6 Granville Island

Auf der Insel im False Creek garantieren Läden, Galerien, Restaurants und Theater einen unterhaltsamen Aufenthalt *(siehe S. 20f)*.

7 Science World

Die interaktiven Exponate des Museums machen Naturwissenschaften im wahrsten Sinne des Wortes begreifbar. Jung und Alt werden verschiedenste Fachbereiche in kreativer Form nahegebracht *(siehe S. 22f)*.

8 Royal British Columbia Museum

Das Museum führt auf spannende Weise in die Geschichte und die Natur British Columbias ein *(siehe S. 24f)*.

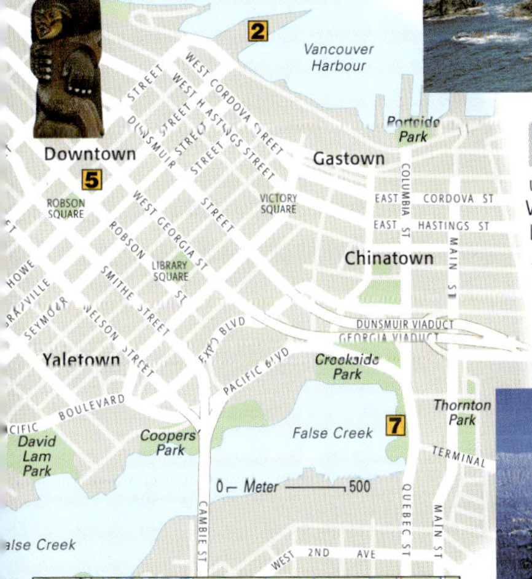

9 Long Beach

Die Landschaft rund um Long Beach an der Westküste von Vancouver Island ist atemberaubend. An der wilden Pazifikküste und in den uralten Wäldern erleben Besucher das ursprüngliche British Columbia *(siehe S. 26f)*.

10 Whistler

Zwei Fahrstunden nördlich von Vancouver gelegen eignet sich Whistler für Tagesausflüge und längere Aufenthalte. Zwei mächtige Berggipfel überragen alpin gestaltete Dörfer. Whistler lockt das ganze Jahr über mit zahllosen Sportmöglichkeiten, im Winter ist es beliebtes Skigebiet *(siehe S. 28–31)*.

Stanley Park

Der Stanley Park ist mit dem Bus in zehn Minuten von Downtown aus zu erreichen. Das Areal ist seit viktorianischer Zeit ein beliebtes Erholungsgebiet. Spazierwege führen durch Wälder und am Strand entlang. Der Park birgt einen wunderbaren Rosengarten, einen beliebten Wasserpark für Kinder, einen Bauernhof, einen Golfplatz und Tennisplätze sowie das Vancouver Aquarium (siehe S. 10f)*, dessen nach wissenschaftlichen Erkenntnissen gestaltete Aquarien und Habitate weltweites Renommee genießen.*

Inukshuk, *English Bay*

Vier Restaurants und viele Kioske bieten Verköstigung. Im Fish House im Stanley Park gibt es Nachmittagstee, im UpStream Café im Aquarium Kaffee und Sandwiches.

Der Verkehr im Park läuft gegen den Uhrzeigersinn. Parkplätze sind kostenpflichtig.

Inlineskates & Fahrräder kann man unter 604 688 2453 leihen.

• Karte G1 • 604 873 7000 • www.vancouverparks.ca • tägl. 24 Std. (nicht alle Attraktionen) • Eintritt (teilw.) • Vancouver Aquarium: 845 Avison Way, 604 659 3474, www.vanaqua.org; Ende Juni–Aug: tägl. 9.30–19 Uhr; Sep–Mitte Juni: tägl. 9.30–17 Uhr; Eintritt Sommer: Erwachsene 27 $, Senioren, Jugendliche & Studenten 21 $, Kinder 17 $ (unter vier Jahren frei); Winter: ermäßigt

Top 10 Parkflair

1. English Bay
2. Siwash Rock
3. Beaver Lake
4. Seawall
5. Lost Lagoon
6. Brockton Point
7. Brockton Point Visitor Centre
8. Vancouver Aquarium
9. Prospect Point
10. Rose Garden

1 English Bay

Spaziergänger genießen an den Sandstränden die schöne Aussicht. Der beheizte Salzwasserpool am Second Beach bietet eine Alternative zum kühlen Wasser der Bucht. Kinder begeistert der Spielplatz, Sonnenanbeter lockt der Third Beach.

2 Siwash Rock

Einer Sage der Squamish zufolge ist der aus dem Wasser ragende uralte Lavafelsen *(oben)* ein zu Stein verwandelter indianischer Krieger.

3 Beaver Lake

Die Wanderwege zu dem von Wasserlilien und Rohrkolben gesäumten See folgen alten Holzfällerrouten durch den Regenwald. Neben Fröschen und Waschbären können Besucher mit ein wenig Glück auch Kojoten sehen.

4 Seawall

Auf dem zehn Kilometer langen Uferdamm, der rund um den Park führt *(Mitte)*, genießen Fußgänger, Radfahrer und Inlineskater den Blick auf English Bay und Burrard Inlet. Im Wasser bietet die Skulptur *Girl in a Wetsuit* einen außergewöhnlichen Anblick.

5 Lost Lagoon

Die von Weiden gesäumte Lagune ist ein städtisches Naturschutzgebiet für Brautenten, Schwäne und Kanadareiher. Der zentrale Brunnen wird nachts bunt beleuchtet.

Die 15-minütige Fahrt mit der Minibahn durch die hohen Bäume des Waldgebiets an der Westküste bereitet großes Vergnügen.

6 Brockton Point

Brockton Point bietet herrlichen Blick auf den Burrard Inlet. Der 1915 erbaute Leuchtturm *(oben)* leitete Schiffe zum Hafen. Seefahrer stellten ihre Chronometer nach der Nine-O'Clock Gun am nahen Hallelujah Point, die seit 1894 abgefeuert wird.

7 Brockton Point Visitor Centre

Drei Tore mit Holzschnitzereien führen zum Zedernholzpavillon des Besucherzentrums. Zu den ausgestellten Totempfählen zählt die Replik eines Skedan-Pfahls (vor 1878), die der Haida-Künstler Bill Reid schuf *(oben)*.

8 Vancouver Aquarium

In den realistisch rekonstruierten Habitaten der Westküste leben fünf Belugas und etwa 70 000 weitere Meereslebewesen *(siehe S. 10f)*.

9 Prospect Point

Vom höchsten Punkt des Parks eröffnet sich ein fantastischer Blick über das dunkelblaue Wasser des Burrard Inlet bis zum Küstengebirge.

10 Rose Garden

Der formale Rosengarten *(unten)* blüht das ganze Jahr über. Von April bis September sorgen mehrjährige Pflanzen für bunte Pracht.

Joseph Capilano

Dem Häuptling der Squamish Joseph Capilano (ca. 1854–1910) war der Stanley Park als Heimat von Stammesmitgliedern vertraut. 1906 überreichte Capilano in England König Edward VII eine Petition, in der die Indianer mehr Rechte forderten. 1911 veröffentlichte die Mohawk-Dichterin Pauline Johnson in *Legends of Vancouver* Sagen, die ihr Capilano erzählt hatte.

Der 1888 eröffnete Stanley Park ist nach dem damaligen kanadischen Generalgouverneur Frederick Arthur Stanley benannt.

Links **Clownfish Cove** Rechts **Haie in der Tropic Zone Gallery**

TOP 10 Vancouver Aquarium

1 Wild Coast

Spazierwege führen an Meerestieren vorbei, die an der Küste British Columbias beheimatet sind. Zu sehen sind Delfine, Seehunde und Stellersche Seelöwen, deren Bestand weltweit abnimmt. Es gibt Streichelbecken, von Naturforschern veranstaltete Vorführungen, Shows, bei denen Taucher mit den Tieren schwimmen, und Trainingsvorführungen mit Delfinen und Seelöwen.

2 Canada's Arctic Habitat

Belugas (Weißwale) sind die Hauptattraktion der Abteilung. Sie sind in Freilichtanlagen und in Becken im Untergeschoss des Gebäudes zu bewundern, bei dem zwei wandhohe Fenster einen Blick unter Wasser ermöglichen. Interaktive Ausstellungen informieren über die arktische Lebenswelt der Wale. Gegen zusätzliche Gebühr kommen Besucher bei den Beluga Encounters mit den Tieren in Kontakt *(siehe S. 11)*.

3 Pacific Canada Pavilion

Das zweistöckige Gebäude präsentiert den Artenreichtum der Strait of Georgia. Taucher bewegen sich zwischen Tausenden Heringen, Krabben, Tangwald, Seesternen und vielen anderen Lebewesen aus dem Pazifik. Auch Störe, Seewölfe und Anemonen sind in der interessanten Abteilung zu sehen.

4 Amazon Rainforest

In diesem heißen und feuchten Urwald leben zwei Kaimane zusammen mit drei Faultieren und einer Gruppe Scharlachsichler. Einmal pro Stunde wütet ein tropischer Regensturm durch diesen exotischen Lebensraum.

5 Clownfish Cove

Der interaktive Bereich für Kinder bis zu acht Jahren birgt Seepferdchen, Pfeilschwanzkrebse, Kröten und Clownfische. In einer nachgebildeten Krankenstation können kleine Besucher »verletzte« Spielzeugrobben pflegen. Auch Puzzles, Puppen, kleine Schiffe und Kostüme zum Verkleiden bieten Kindern Unterhaltung.

Seelöwe, Wild Coast

6 Tropic Zone Gallery

In dem realistisch nachgebauten Riff des Indopazifik schwimmen u. a. Grüne Schwalbenschwänzchen, Rotzahn-Drückerfische und Schwarzspitzen-Riffhaie.

7 Treasures of the British Columbia Coast

Die Abteilung widmet sich der Lebenswelt der Gewässer vor British Columbia. In den tiefen der Aquariumsbecken lauern Seewölfe und Pazifische Riesenkraken. Unter reflektierenden Lichtern tanzen faszinierende Ohrenquallen.

Das Vancouver Aquarium stellte als eines der ersten ausgebildete Biologen als Führer an.

Top 10 Historische Ereignisse

1. Bis 1888 bewohnen Squamish die Halbinsel
2. 1862 besucht der erste Weiße die indianische Begräbnisstätte Deadman's Island
3. 1886 werden Petitionen für die Gründung des Parks eingereicht
4. 1889 weiht Gouverneur Stanley den Park ein
5. 1894 kommt die Nine-O'Clock Gun an *(siehe S. 9)*
6. Im frühen 20. Jahrhundert ist die Rotzeder *The Hollow Tree* (20 Meter Durchmesser) die meistfotografierte Parkattraktion
7. Lumberman's Arch wird 1912 zu Ehren der Holzindustrie errichtet
8. 1917 beginnt der Bau der Mole gegen Erosion
9. In den 1920er Jahren entsteht durch den Bau des Damms die Lost Lagoon
10. Die Familie Guinness errichtet 1938 die Lions Gate Bridge am Nordende

Parkgeschichte

Tausende Jahre wohnten im Dorf Khwaykhway (etwa »Heuheu« ausgesprochen) auf der heute Coal Harbour genannten Halbinsel Angehörige der Küsten-Salish-Völker Musqueam, Tsleil-Waututh und Squamish. 1862 wurde die Halbinsel zum militärischen Sperrgebiet erklärt, um Vancouvers Hafen vor einer Invasion der USA zu schützen. Das Dorf und seine Bewohner blieben davon jedoch unberührt. Nach dem großen Brand am 13. Juni 1886, der die ganze Stadt zerstörte, wurde das Sperrgebiet in einen Park verwandelt, der 1888 eröffnet und 1889 von Lord Stanley eingeweiht wurde. 1892 war von den einstigen Bewohnern Khwaykhways niemand verblieben: Fast alle waren zwischen 1888 und 1892 an den Pocken gestorben.

Zugang zum Stanley Park
Ursprünglich führte eine mit einem Bogen überspannte Brücke über den Coal Harbour.

8 Beluga Encounters

Begleiten Sie einen Trainer hinter die Kulissen des Canada's Arctic Habitat, um die riesigen Meeressäuger mit Fischen zu füttern, oder buchen Sie eine Übernachtung bei den Belugas.

Beluga

9 Cannacord Financial Exploration Gallery

Unterwasserkameras, vergrößerte Live-Aufnahmen und aufgezeichnetes Filmmaterial entführen in die Lebenswelt verschiedenster Kreaturen wie Ohrenquallen, Kompassquallen, Rankenfußkrebse, Fühlerschlangen und Moskitos.

10 4D Experience

Spezialeffekte wie Wind, rauschende Brandung, salzige Gischt und Gerüche steigern die 3-D-Präsentation der fantastischen Welt der Tiere zu einem Erlebnis, das alle Sinne anspricht.

Informationen zu den Übernachtungsprogrammen des Aquariums unter 604 659 3504 & ***www.vanaqua.org***

TOP 10 Canada Place

Der für die Expo '86 erbaute Canada Pavilion ist heute als Canada Place ein Wahrzeichen Vancouvers. Das in Form von Segeln gestaltete Dach erinnert an die Seefahrtsgeschichte Kanadas, der »Bug« ragt weit in den Hafen hinein. Nach der mit über 22 Millionen Besuchern höchst erfolgreichen Weltausstellung wurde das Gebäude in einen Komplex mit Kreuzfahrtschiffterminal, Messezentrum, Ausstellungsbereichen und Lusxushotel verwandelt. Die Promenade bietet grandiosen Blick auf den Hafen.

Terrasse, Café Pacifica

Das Café Pacifica im Hotel Pan Pacific ist leger. Das nur abends geöffnete Hotelrestaurant Five Sails bietet exquisite Küche. Der Food-Court auf der gegenüberliegenden Seite des Canada Place Way ist bis 21 Uhr geöffnet.

Die Parkplätze am nördlichen Ende der Burrard Street sind preiswerter als das unterirdische Parkhaus am Canada Place.

- *999 Canada Place*
- *Karte L2*
- *604 775 7200*
- *www.canadaplace.ca*
- *tägl.*

Top 10 Sehenswert

1. Tourism Vancouver Visitor Centre
2. Architektur
3. Kreuzfahrtschiffterminal
4. Wasserflugzeuge
5. Promenade
6. Promenade into History
7. Sails of Light
8. Plaza
9. Vancouver Convention & Exhibition Centre
10. Heritage Horns

1 Tourism Vancouver Visitor Centre

Das Informationszentrum von Tourism Vancouver befindet sich gegenüber dem Canada Place Way im Erdgeschoss von 200 Burrard Street. Es bietet u. a. kostenlose Broschüren und Stadtpläne. Das mehrsprachige Personal ist Besuchern gerne behilflich.

2 Architektur

Die fünf mit Teflon beschichteten Fiberglaskonstruktionen des Dachs des Kongresszentrums lassen den auf einem alten Frachtdock erbauten, preisgekrönten Canada Place wie ein Schiff unter Segeln erscheinen.

3 Kreuzfahrtschiffterminal

An den drei Ankerplätzen des Terminals am Canada Place kommen jährlich Hunderttausende Besucher an. Die Schiffe sind von der nahen Promenade aus gut zu betrachten. Die Attraktionen und Läden von Gastown liegen wenige Gehminuten vom Terminal entfernt *(siehe S. 60–65)*.

Zwischen Vancouver und Alaska verkehren einige der größten und luxuriösesten Schiffe der Welt.

4 Wasserflugzeuge

Wasserflugzeuge aus Victoria landen im Coal Harbour westlich des Canada Place. Der Landeplatz für Hubschrauber aus Victoria liegt an der Ostseite des Komplexes.

5 Promenade

Die zwei Kilometer lange Promenade verläuft an der Ost- und Westseite des Canada Place und um dessen Spitze. Sie bietet herrlichen Blick auf die Kreuzfahrtschiffe, den Hafen und die SeaBus-Fähre sowie eine erfrischende Brise an heißen Tagen.

6 Promenade into History

Die kostenlose Tour auf der Promenade entführt in die Geschichte Vancouvers. Fotografien, Skulpturen, Übersichtstafeln und ausgewiesene Orte von historischem Interesse bieten detaillierte Informationen.

7 Sails of Light

Jeden Abend erstrahlen die charakteristischen Segel des Canada Place in bunten Farben und Animationen. Die Darbietung lässt sich vom Stanley Park, dem Damm des Coal Harbour, dem Vancouver Convention Centre West und der Nordküste aus beobachten.

8 Plaza

Auf dem Platz *(links)* nahe der Spitze des Canada Place mit Brunnen, Banken und Schatten spendenden Bäumen kann man entspannnt dem geschäftigen Treiben im Hafen zusehen.

9 Vancouver Convention & Exhibition Centre

Die beeindruckenden Hallen, in denen Messen und Ausstellungen veranstaltet werden, erreicht man über eine innen liegende Promenade, die der äußeren gleicht. In dem hochmodernen, umweltgerecht gestalteten Gebäude findet im Oktober auch die riesige Vancouver Snow Show statt.

10 Heritage Horns

An der Spitze des Canada Place erschallen täglich um 12 Uhr zehn Lufthörner aus Aluminiumguss. Sie sind in ganz Vancouver zu hören. Da die Lufthörner 1967 von Robert Swanson anlässlich des 100. Jahrestags der Gründung Kanadas entworfen wurden, stammen die ersten vier Töne aus der Nationalhymne *O Canada*.

Expo '86

Die Expo '86 wurde am 2. Mai 1986 von Prinz Charles und Prinzessin Diana eröffnet. Die äußerst erfolgreiche Weltausstellung zog 50 Prozent mehr Besucher an als erwartet und schloss dennoch mit einem Defizit von 311 Millionen Kanadischen Dollar ab. Der Canada Place (der ehemalige kanadische Pavillon), Science World, SkyTrain und die Sanierung des einst schäbigen Viertels am False Creek zeigen jedoch, dass die Expo '86 der Stadt Gewinn brachte.

Wenn am 1. Juli der Canada Day gefeiert wird, wird ein fantastisches Feuerwerk über dem Hafen am Canada Place veranstaltet.

TOP 10 Capilano Suspension Bridge

Die Capilano Suspension Bridge, die in luftiger Höhe über den Capilano River führt, bietet puren Nervenkitzel. Sie ist die weltweit höchste und längste Hängebrücke für Fußgänger und führt in einen stillen Winkel des Regenwalds der Westküste. Die beliebte Attraktion beinhaltet die Möglichkeit, über moderne Seilbrücken von Baumwipfel zu Baumwipfel zu wandern. Die heutige Brücke ist die sechste an dieser Stelle. Die erste erbaute der Schotte George Grant Mackay 1888, um die von ihm erworbenen Areale am Fluss zu verbinden.

Kostümierte Führerinnen

Im Loggers' Grill gibt es Burger mit Lachs, Rind und Hähnchen, das Canyon Café serviert Kaffee, Gebäck und hausgemachte Pizza. Gourmetküche bietet das Bridge House Restaurant an der Capilano Road.

Besucher, denen die Höhe zu schaffen macht, konzentrieren sich am besten auf den Rücken des Vordermanns. Der Gang über die Brücke lohnt sich auf jeden Fall.

• 3735 Capilano Rd, North Vancouver • Karte B1 • 604 985 7474 • www.capbridge.com • Ende Mai–Anfang Sep: tägl. 8.30–20 Uhr; restliche Öffnungszeiten variieren; 25. Dez geschl. • Eintritt: Erwachsene 33,95 $, Senioren 31,95 $, Studenten 27,95 $, Jugendliche (13–16) 21,95 $, Kinder 12 $ (unter 6 Jahren frei)

Top 10 Abenteuer

1. Hängebrücke
2. Historische Personen
3. Kia'palano Big House
4. Capilano River & Schlucht
5. Treetops Adventure
6. Befestigungstechnik
7. Totempfähle
8. Living Forest
9. Story Centre
10. English Country Garden

1 Hängebrücke

Die 137 Meter lange Brücke *(Mitte)* besteht aus robusten Stahlseilen, die eine Boeing 747 tragen könnten. Beim Blick in die schwindelerregende Tiefe halten sich Besucher heute noch ebenso respektvoll an den Handläufen fest, wie es die Fußgänger 1889 taten.

2 Historische Personen

Kostümierte Führer in den Rollen historischer Personen der Region erzählen den Besuchern von den zum Teil haarsträubenden Begebenheiten in der Zeit, als am North Shore noch Holz geschlagen wurde.

3 Kia'palano Big House

Vor dem Little Big House, einer kleineren Version des Kia'palano Big House, demonstrieren Schnitzer, Perlensticker und Weber die Herstellung von traditionellen Kunsthandwerksprodukten. Im Zentrum des aus Zedernholz erbauten Kia'palano Big House steht der Next-Generation-Pfahl, der indianische Künstler ehrt *(oben)*.

Die Sagen, die die Künstler der First Nations vor dem Kia'palano Big House vortragen, gehören zum Kulturerbe der Westküste.

4 Capilano River & Schlucht

Am Klippenrand bieten auf 213 Metern Brücken und Treppen Blick auf die 70 Meter unterhalb liegende Schlucht des Capilano River. Auf der anderen Seite der Hängebrücke dient die in die Schlucht ragende Terrasse als Aussichtspunkt.

5 Treetops Adventure

Die faszinierende Anlage befindet sich im Regenwald der Westküste auf der anderen Seite der Capilano Suspension Bridge. Ein Plankenweg führt zu zwischen acht alten Douglasien befestigten Seilbrücken hinauf *(oben)*. Die Tour endet in 30 Metern Höhe inmitten der geheimnisvollen Welt der Baumwipfel.

6 Befestigungstechnik

Die innovative Befestigungstechnik der Aussichtsplattformen hilft, die Umwelt zu schützen. Anstelle von Nägeln oder Schrauben werden große Spannringe eingesetzt, die auf die Baumstämme nur leichten Druck ausüben – vergleichbar mit einem Daumen, der auf einen Tisch gedrückt wird.

7 Totempfähle

Der Anblick der von Künstlern des an der Küste beheimateten Salish-Volkes angefertigten Totempfähle ist beeindruckend *(unten)*. Die in den 1930er Jahren angelegte Sammlung beinhaltet heute über 30 Werke.

8 Living Forest

In dem Areal informieren interaktive Displays über endemische Pflanzen und Bäume, z. B. über Douglasien. Auf Tafeln wird die einheimische Tierwelt vorgestellt. Das ganze Jahr über bieten Naturforscher Führungen durch das faszinierende Waldgebiet an.

9 Story Centre

Bergarbeiter, Holzfäller und Bardamen – die Ausstellung informiert über die Geschichte des Parks und von North Vancouver. Hunderte Fotografien lassen die Historie lebendig werden, die Bildlegenden liefern Details. In Tonaufnahmen sind Stimmen aus der Vergangenheit zu hören.

10 English Country Garden

Der malerische winterharte Garten verweist auf die Heimat vieler früher Siedler in Vancouver. Er wurde 1910 angelegt. Die Azaleen und Rhododendren entfalten eine überwältigende Blütenpracht. Der Garten ist im Mai besonders beeindruckend.

Eine Brücke für Generationen

Der Schotte George Grant Mackay liebte die freie Natur. Als erster Beauftragter der städtischen Parks von Vancouver veranlasste er 1886 die Einrichtung des Stanley Park. Zwei Jahre später erwarb er am Capilano River 23 Quadratkilometer Waldbestand und errichtete am Rand der Schlucht eine Hütte. Mit Unterstützung durch die Küsten-Salish erbaute er 1889 die erste Hängebrücke aus Hanfseilen und Zedernholz.

Seit 2011 können Besucher auf dem abenteuerlichen Cliffwalk in bislang unerreichbare Gebiete des Parks vordringen.

University of British Columbia Museum of Anthropology

Das Museum birgt eine der weltweit besten Sammlungen von Artefakten indianischer Stämme der Nordwestküste, europäische Keramiken, asiatische Textilien, griechische und römische Tonwaren, afrikanische Masken, Totempfähle und zeitgenössische Holzschnitzereien. Die 1949 begründeten Sammlungen sind in einem von dem kanadischen Architekten Arthur Erickson entworfenen, 1976 eröffneten Gebäude zu sehen, das Blick auf Meer und Berge bietet. Die Galerien zeigen ca. 10 000 Objekte. Wechselausstellungen widmen sich historischer und moderner indianischer Kunst.

Das eindrucksvolle Museumsgebäude

Der Museumsladen führt exquisiten Originalschmuck aus Gold und Silber, Drucke, Textilien und andere Kostbarkeiten.

Parkplätze bietet das dem Museum gegenüberliegende Rose Garden Parkade.

- *6393 NW Marine Drive*
- *Karte A2*
- *604 822 5087*
- *www.moa.ubc.ca*
- *Winter: Di–So 10–17 Uhr (Di bis 21 Uhr); Sommer: tägl. 10–17 Uhr (Di bis 21 Uhr)*
- *Eintritt: Erwachsene 16,75 $, Senioren & Studenten 14,50 $, Kinder unter 6 Jahren frei; Di (17–21 Uhr): 9 $*

Top 10 Exponate

1. Ahnenfigur
2. Geschnitzte Türen
3. Bugholzkisten
4. Webarbeiten
5. Kachelofen
6. Totempfähle
7. *The Raven and the First Men*
8. Schwarzfigurige Schale aus Athen
9. Halsschmuck aus Neuguinea
10. Haida-Häuser

1 Ahnenfigur

Die auf dem Museumsvorplatz aufgestellte Ahnenfigur aus Rotzedernholz hält einen *fisher*, ein mythisches Wesen mit heilenden Kräften. Die Figur und andere moderne Kunstwerke, etwa ein stilisiertes Mosaik aus buntem Granit, stammen von der Musqueam-Künstlerin Susan Point.

2 Geschnitzte Türen

Die massiven Türen *(unten links)* aus Rotzedernholz wurden 1976 von Gitxsan-Künstlern des 'Ksan Cultural Center geschnitzt. Sie illustrieren die Geschichte der ersten Bewohner der Region um den Skeena River.

3 Bugholzkisten

Die zum Kochen und zur Lagerung verwendeten Kisten besitzen eine spezielle Bauweise: Ein Holzbrett wird an drei Stellen eingekerbt und mithilfe von Wasserdampf zu einer vierseitigen Kiste geformt. Dann wird der Boden eingesetzt.

Auf den telefonisch buchbaren Museumsführungen bekommen Besucher auch Schnitzereien in den Haida-Häusern zu sehen.

4 Webarbeiten

Eine der ausgestellten Decken wurde von den Musqueam-Künstlerinnen Robyn und Debra Sparrow aus Schafwolle gewebt (1997). Die Weberei, eine bedeutende Kunstform der Salish, wurde in den 1960er Jahren von einigen Frauen der First Nations wiederbelebt.

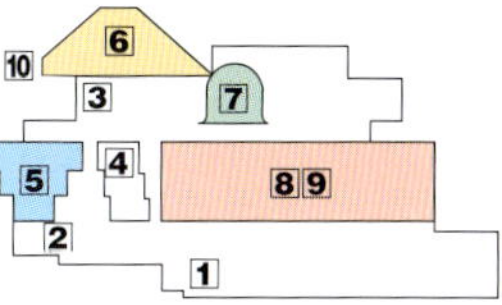

Legende

- Koerner Ceramics Gallery
- Great Hall
- Bill Reid Rotunda
- Multiversity Galleries

5 Kachelofen

Hauptattraktion der Koerner Ceramics Gallery ist ein aus Mittel- oder Osteuropa stammender Ofen *(links)* aus dem 16. Jahrhundert. Die wärmespeichernden Kacheln zieren zu jener Zeit beliebte religiöse Figuren.

6 Totempfähle

Die Great Hall mit den 15 Meter hohen Glaswänden birgt imposante Totempfähle *(Mitte)* von verschiedenen First Nations. Das Bauwerk aus Glas und Beton bildet den perfekten Rahmen für die faszinierenden Artefakte.

9 Halsschmuck aus Neuguinea

Der Schmuck ist Teil der Sammlung von Objekten aus dem südpazifischen Raum, die der kanadische Forscher Frank Burnett 1927 stiftete und die das Museum begründete.

10 Haida-Häuser

Die beiden außerhalb des Museums am Wasser gelegenen Haida-Häuser umringen zahlreiche Totempfähle. Das atemberaubende Ensemble wurde 1962 von den Künstlern Bill Reid vom Volk der Haida und Doug Cranmer vom Stamm der Namgis geschaffen.

7 The Raven and the First Men

Der Haida-Künstler Bill Reid fertigte die gewaltige Skulptur *(unten)* aus einem Block von 106 aufeinander geschichtenen, laminierten Zypressenholzbrettern an. Das berühmte Kunstwerk zeigt den Raben (weise und mächtig, aber auch boshaft und trickreich), der die ersten Haida in einer gigantischen Muschel entdeckt.

8 Schwarzfigurige Schale aus Athen

Die Schale in der griechisch-römischen Abteilung entstand zwischen 540 und 530 v. Chr. Sie wird dem »Kentauren-Maler« zugesprochen, einem der sogenannten Kleinmeister, die kunstvolle Trinkgefäße für die berühmten, feuchtfröhlichen Symposien (Gastmahle) schufen, die die Männer im antiken Athen veranstalteten.

Im Untergrund

Das Museum steht auf drei Geschützstellungen, die in die Anlage architektonisch integriert wurden. Zwei Bunker aus dem Zweiten Weltkrieg stehen außerhalb, einer davon dient als Plattform für Bill Reids Rabenskulptur. Unterhalb des Gebäudes verbindet ein geheimes Tunnellabyrinth die beiden Bunker. Besuchern ist der Zugang streng untersagt.

Durch jüngst abgeschlossene Umbauarbeiten wurde die Ausstellungsfläche des Museums verdoppelt.

TOP 10 Vancouver Art Gallery

Die Vancouver Art Gallery, das größte Kunstmuseum Westkanadas, besitzt die bedeutendste Sammlung von Werken der aus British Columbia stammenden Malerin und Schriftstellerin Emily Carr. Die Ausstellungen zeigen Werke kanadischer und internationaler Künstler, von zeitgenössischen Visionären bis zu alten Meistern, die in innovativer Form präsentiert werden. Zu den mehr als 10 000 Werken, die sich im Besitz des Museums befinden, zählen auch zahlreiche Arbeiten des Fotokünstlers Jeff Wall und des Haida-Künstlers Robert Davidson. Das 1983 eröffnete Museum befindet sich in einem klassizistischen Gebäude, das der kanadische Architekt Arthur Erickson umgestaltete.

Rotunde

Der Hof des Gallery Café ist an sonnigen Sommertagen wunderschön. Das Café kann man auch ohne Eintrittskarte für das Museum besuchen.

Der Gallery Store führt Kunstbücher, Poster, Papierwaren, Schmuck und Souvenirs sowie ein breites Angebot an Emily-Carr-Artikeln.

• 750 Hornby St • Karte K3 • 604 662 4719 • www.vanartgallery.bc.ca • tägl. 10–17 Uhr (Do bis 21 Uhr, 27. Mai–Sep: auch So bis 21 Uhr) Mi–Mo 10–17.30 Uhr • Eintritt: Erwachsene 20 $, Senioren (ab 65 Jahren) & Studenten 15 $, Kinder 6,25 $ (unter 5 Jahren frei); Di 17–21 Uhr: Spende erbeten

Top 10 Kunstwelt

1. Gebäude
2. Emily Carr Collection
3. Kunst auf dem Dach
4. Fotokonzeptkunst
5. Südfassade
6. Ausstellungsprogramm
7. Jeff Wall Collection
8. Architektur
9. Kunst der First Nations
10. Familienprogramm

1 Gebäude

Das 1912 als Provinzgericht erbaute Gebäude wurde von dem zu jener Zeit führenden kanadischen Architekten Francis Rattenbury (1867–1935) in dem für ihn typischen imposanten Stil gestaltet.

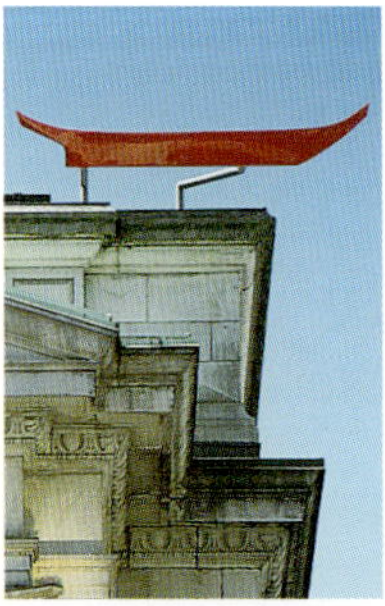

2 Emily Carr Collection

Das Museum besitzt über 200 Werke von Emily Carr. Die von der Westküste stammende Künstlerin studierte die Kulturen der First Nations und fing deren Lebensweise in ihren Gemälden ein. Sie wählte oft Totempfähle und andere Haida-Artefakte als Motive. Kräftige Farben dominieren in *Logger's Culls (Mitte)* und vielen anderen ihrer Bilder. Das Museum zeigt auch das Skizzenbuch Carrs.

3 Kunst auf dem Dach

Das Kunstwerk *Four Boats Stranded: Red and Yellow, Black and White (oben)* schuf der aus Vancouver stammende Künstler Ken Lum. Auch ein verkleinertes Modell eines indianischen Langboots zählt zu den Installationen.

Die donnerstags und sonntags veranstalteten Führungen durch das Museum sind im Eintrittspreis inbegriffen.

4 Fotokonzeptkunst

Das Museum ist für die Dauerausstellung zeitgenössischer Fotokunst bekannt, die 20 Jahre umspannt. Sie beinhaltet Arbeiten von Künstlern der Vancouver School wie Jeff Wall, Ken Lum, Stan Douglas und Ian Wallace sowie Werke internationaler Künstler, z. B. von Nancy Spero und Cindy Sherman.

5 Südfassade

Die Originaltreppe zum Gerichtsgebäude an der Robson Street ist ein beliebter Treffpunkt. Den Portikus *(oben)* ziert eine geheimnisvolle Botschaft aus Zedernholzlettern des Konzeptkünstlers Lawrence Weiner.

6 Ausstellungsprogramm

Führende Künstler, von alten Meistern bis zur zeitgenössischen Avantgarde, werden regelmäßig in großen Themenausstellugen sowie in kleinen Werkschauen vorgestellt.

7 Jeff Wall Collection

Einige der charakteristischen, von hinten beleuchteten Werke des renommierten Fotokünstlers Jeff Wall sind bis zu vier Meter breit.

8 Architektur

Beim Umbau des Gerichtsgebäudes zum Museum fügte der berühmte kanadische Architekt Arthur Erickson 3715 Quadratmeter Ausstellungsfläche hinzu. Erickson behielt viele Originalelemente bei, so auch den Gerichtssaal mit der holzgeschnitzten Bank des Richters.

9 Kunst der First Nations

Gemälde, Schnitzereien und Skulpturen von den First Nations des pazifischen Nordwestens sind Teil der Dauerausstellung. Dazu gehören Skulpturen des 1998 verstorbenen Haida-Künstlers Bill Reid *(siehe S. 36)*. Wie viele moderne indianische Künstler kombinierte der Haida Robert Davidson in *Eagles (unten)* abstrakte mit traditionellen Elementen.

10 Familienprogramm

An den Samstagen, an jedem zweiten Sonntag sowie an speziellen Familienwochenenden führt die Vancouver Art Gallery mit ihrem Programm junge Besucher an die Kunst heran.

Emily Carr

Emily Carr (1871–1945) stammte aus einer reichen Familie aus Victoria. Die exzentrische Künstlerin bevorzugte den Lebensstil der Boheme. Für ihre kraftvollen Bilder, die sie oft in den Urwäldern auf Haida Gwaii (Queen Charlotte Islands) schuf, wandte sie ein minimales Budget auf. Erst im Jahr 1937 erwarb die Vancouver Art Gallery eines ihrer Bilder. Carrs Werke wurden zu ihren Lebzeiten weitgehend missachtet, heute erzielen sie Spitzenpreise.

Vorträge von Kuratoren, Künstlern und Kunsthistorikern erläutern die Ausstellungen; Informationen unter 604 662 4717.

TOP 10 Granville Island

Granville Island zieht jedes Jahr Millionen Besucher an. Auf der Halbinsel, über die einst giftige Rauchschwaden der Schwerindustrie zogen, unterhalten heute Straßenkünstler mit Musik, Comedy und Zauberei. Der Granville Island Public Market lockt mit Lebensmitteln und allerlei Krimskrams. Die 200 auf der ganzen Insel verstreuten Läden verkaufen alles von Designerschmuck bis zu Yachten.

Aquabus

Neben dem Markt, in 1680 Johnston St, befindet sich die hervorragende französische Patisserie La Baguette et l'Echalote.

Die Markttore und die meisten innenliegenden Läden machen bereits vor der offiziellen Öffnungszeit um 8 Uhr auf. Wer früh erscheint, kann sich vor dem Besucheransturm in Ruhe umsehen.

Der Eintritt in den nur im Sommer geöffneten Water Park ist frei. Er liegt gleich neben der Cartwright Street ***(siehe S. 46).***

- *Karte H5*
- *604 666 5784*
- *www.granvilleisland.com*
- *Markt: tägl. 9–19 Uhr; 25. & 26. Dez, 1. Jan & Mo im Jan geschl.*
- *Net Loft & Kids Market: tägl. 10–18 Uhr; Öffnungszeiten der Läden variieren*

Top 10 Inselzauber

1. Granville Island Public Market
2. Marina & Maritime Market
3. Kids Market
4. New-Small & Sterling Studio Glass
5. Railspur Alley
6. Granville Island Brewing Co.
7. Emily Carr University of Art and Design
8. Net Loft
9. Arts Club Theatre & Lounge
10. Crafthouse

1 Granville Island Public Market

Der Markt ist Kernstück der Shopping-Erlebnisse auf der der Insel. Hier gibt es Obst, Gemüse, Fleisch, Fisch, importierte Spezialitäten aus aller Welt, süße Leckereien, Kunsthandwerk, Blumen und Imbissstände *(Mitte)* sowie eine Mikrorösterei für biologisch angebauten Kaffee *(siehe S. 80).*

2 Marina & Maritime Market

Zu den Läden und Dienstleistern des Marktes gehören ein Kajakzentrum *(oben)*, Fischhändler, Bootsverleiher und Souvenirläden. In der Marina ankern elegante Yachten neben Fischerbooten.

3 Kids Market

In diesem Märchenland für Kinder sorgen Clowns und Zauberer für Spaß. Über 20 Läden verkaufen alles von Spielzeug bis zu Kleidung.

4 New-Small & Sterling Studio Glass

Besucher können David New-Small und seinen Assistenten dabei zusehen, wie sie traditionelle Vasen, Schmuck und Schalen aus Glas blasen. In einem der vier Öfen befinden sich rund um die Uhr 70 Kilogramm Glas, das bei 1100 °C flüssig gehalten wird. Die hergestellten Produkte werden in der angeschlossenen Galerie ausgestellt und zum Kauf angeboten.

Auf der Insel kann man nur ein bis drei Stunden kostenlos parken. Die Parkplätze am Ostende sind gebührenpflichtig.

5 Railspur Alley
In den gemütlichen Ateliers *(oben)* in dieser kleinen Gasse arbeiten Maler, Töpfer und Kunsthandwerker, die sich auf Objekte aus Holz, Leder, Glas und Schrott spezialisiert haben.

6 Granville Island Brewing Co.
Die älteste Mikrobrauerei Kanadas wurde 1984 eröffnet. Die ohne künstliche Zusätze gebrauten Biersorten kann man in vielen Lokalen der Stadt sowie nach einer Führung durch die Brauerei im Taproom probieren (mehrmals täglich).

7 Emily Carr University of Art and Design
Die renommierte, nach der berühmten Künstlerin Emily Carr *(siehe S. 19)* benannte Universität ist ein führendes Zentrum für aufstrebende junge kanadische Künstler. In der Charles H. Scott Gallery *(rechts)* in einem alten Industriegebäude sind Arbeiten zeitgenössischen Künstler, in den Media & Concourse Galleries Werke der Studenten zu sehen.

8 Net Loft
Die kleine Gruppe Boutiquen bietet außergewöhnliche Souvenirs wie handgeschöpftes Papier, Hüte, Perlen, sowie einheimisches und indianisches Kunsthandwerk.

9 Arts Club Theatre & Lounge
Die Arts Club Theatre Company inszeniert auf der Granville Island Stage *(siehe S. 43)* Comedy, neue Werke und Klassiker. In der Backstage Lounge treten regionale Bands auf *(siehe S. 82)*.

10 Crafthouse
Die Galerie mit Laden präsentiert exquisites, innovativ gestaltetes zeitgenössisches Kunsthandwerk wie Skulpturen, Möbel, Schmuck, Küchenutensilien und Schüsseln *(rechts)*. Die Objekte stammen von aufstrebenden und etablierten kanadischen Künstlern, die dem Craft Council of British Columbia (CCBC) angehören.

Fähren nach Granville Island

Die Schiffe von Aquabus und False Creek Ferries fahren ganzjährig rund um den False Creek und pendeln in kurzen Abständen zwischen Granville Island und der Innenstadt. Bootsfahrten nach Yaletown, zur Science World und zum Vanier Park sowie die Minikreuzfahrten bei Sonnenuntergang sind ebenfalls unterhaltsam.

Die Boote von False Creek Ferries (604 684 7781) & Aquabus (604 689 5858) legen an der Westseite des Public Market ab.

Science World

Das preisgekrönte Museum bietet einen faszinierenden Einblick in das Universum. Die Erkundungstour führt von winzigen Insekten bis zu den entferntesten Winkeln des Weltalls. Das für die Expo '86 errichtete Gebäude wurde 1989 als Wissenschaftszentrum wiedereröffnet. Sieben Ausstellungsbereiche bieten Hunderte faszinierende interaktive Exponate, zudem werden regelmäßig Sonderausstellungen veranstaltet. Nach der 35 Millionen Dollar teuren Renovierung, bei der die Ausstellungsfläche um 1300 Quadtratmeter erweitert wurde, finden Besucher viele neue kreative Attraktionen vor.

Search Gallery

Auf dem Museumsgelände bietet eine Filiale der beliebten kanadischen Kette White Spot Burger, Salate und mehr. Auf Ebene 2 werden Säfte, Popcorn und Eiscreme verkauft.

Der Parkplatz ist klein und relativ teuer. Am besten fährt man mit dem SkyTrain zur Main Street Station und geht den restlichen kurzen Weg zu Fuß.

- *1455 Quebec St*
- *Karte M5*
- *604 443 7440*
- *www.scienceworld.ca*
- *Di–Fr 10–16 Uhr, Sa, So & Feiertage 10–18 Uhr*
- *Eintritt: Erwachsene 23,50 $, Senioren, Studenten & Jugendliche (13–18 Jahre) 19,75 $, Kinder 16,75 $ (unter 3 Jahren frei); zusätzl. Eintritt für OMNIMAX® Theatre*

Top 10 Wissenswelt

1. Geodätische Kuppel
2. OMNIMAX® Theatre
3. Search: The Sara Stern Gallery
4. Kidspace Gallery
5. Peter Brown Family Centre Stage
6. Our World Gallery
7. Feature Gallery
8. Eureka! Gallery
9. Science Theatre
10. BodyWorks Gallery

1 Geodätische Kuppel

Die 47 Meter hohe, von Einheimischen »Golfball« genannte Kuppel *(Mitte)* hat die durch den US-Architekten R. Buckminster Fuller berühmt gewordene Struktur. 766 Außenpaneele reflektieren das Sonnenlicht, nachts funkeln 391 Außenlichter.

2 OMNIMAX® Theatre

Das Kino in der geodätischen Kuppel fasst 400 Zuschauer. Auf die fünfstöckige Leinwand mit 27 Metern Durchmesser, eine der größten der Welt, werden die Bilder neunmal größer als üblich projiziert. Gezeigt wird zum Beispiel der für den Oscar nominier-Dokumentarfilm *The Living Sea*. Für den Klang sorgen 28 digitale Lautsprecher.

3 Search: The Sarah Stern Gallery

Lebendige Kriechtiere, die Nachbildung eines Biberbaus, ein echtes Bienenvolk und die Replik des Skeletts eines Tyrannosaurus Rex führen in die Naturgeschichte ein.

4 Kidspace Gallery

Kinder von zwei bis sechs Jahren können auf den Exponaten klettern, rutschen, laufen und springen *(unten)*. Besonders beliebt sind die Wasserspiele mit Schiffen.

Ein Besuch der Science World nimmt in etwa vier Stunden in Anspruch.

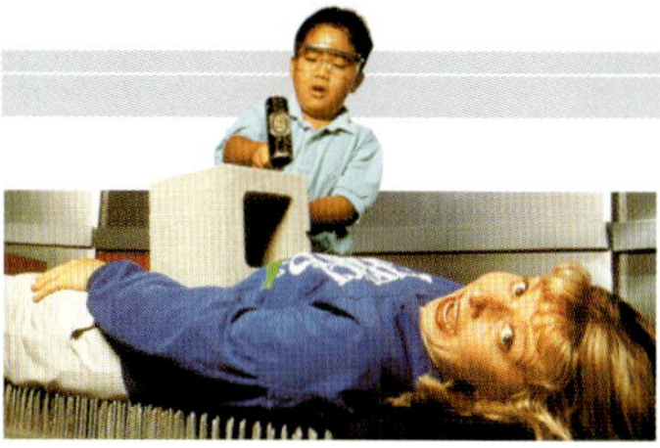

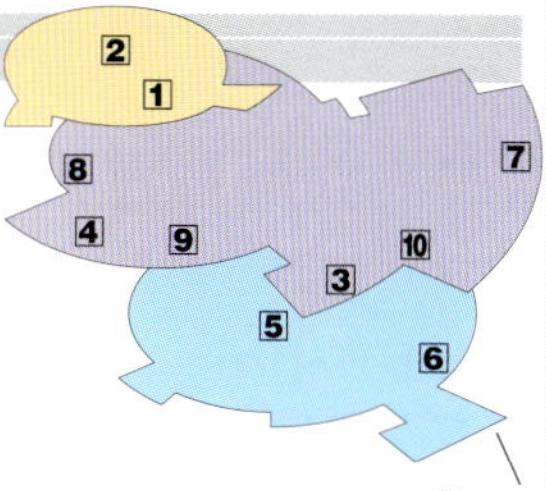

5 Peter Brown Family Centre Stage

Fünfmal täglich werden in Vorführungen mit Ballons, Elektrizität, Seifenblasen und Feuer Naturgesetze und -phänomene demonstriert. Kinder sind zum Mitmachen eingeladen.

Legende

	Ebene 1
	Ebene 2
	Ebene 3

6 Our World Gallery

Der Gang über eine Müllkippe und die Erkundung eines gigantischen Cheeseburgers verdeutlichen, wie unser Umgang mit der Abfallentsorgung und mit Nahrungsmitteln das Transport- und das Gemeinwesen beeinflussen.

7 Feature Gallery

In der Feature Gallery werden exzellente Wechselausstellungen präsentiert. Die Exponate zu den alle paar Monate alternierenden Themenbereichen sind stets interaktiv. Wissbegierige aller Altersstufen können sich auf vergnügliche Weise z. B. mit Licht, Schall und Technik beschäftigen.

8 Eureka! Gallery

Die Eureka! Gallery *(oben)* untersucht übergreifende Themen wie Wasser, Luft, Bewegung und Erfindungen. Kinder und Erwachsene können in einem wissenschaftlichen Labor eigene Entdeckungen machen oder mit einer Infrarotkamera besonders warme Körperstellen entdecken.

9 Science Theatre

Das breite Programm reicht von Comics für die Kleinsten bis zu Shows und Filmen über Wissenschaft, Natur und das Weltall für die ganze Familie. Die Kurzfilme in brillanter HD-Qualität machen selbst winzigste Details sichtbar.

10 BodyWorks Gallery

Wie können Menschen hören und riechen? Diese und viele andere Fragen über den menschlichen Körper werden in der interaktiven Abteilung auf unterhaltsame Art beantwortet. Auf einer virtuellen Skipiste kann man z. B. Kraft und Geschicklichkeit testen.

Kurzführer

Ebene 1 birgt die Bereiche Puzzles und Our World. Die Eureka! Gallery, Contraption Corner, Search: The Sarah Stern Gallery, Kidspace und die Feature Gallery befinden sich auf Ebene 2. Das OMNIMAX® Theatre auf Ebene 3 ist mit einer Eintrittskarte für Science World oder unabhängig vom Museumsbesuch über einen separaten Eingang zugänglich.

Attraktionen für Kinder **siehe S. 46f**

Royal British Columbia Museum

Das 1886 in Victoria gegründete Museum widmet sich den Kulturen, der Geschichte, der Geografie und der Flora und Fauna von British Columbia. Es besitzt über sieben Millionen Artefakte und verfügt über rund 2415 Quadratmeter Ausstellungsfläche. Dank der herausragenden Präsentation der Exponate zählt es zu den besten Museen Kanadas. In den vier Galerien lassen beeindruckende begehbare Szenarien Historie lebendig werden. Die Sammlung mit Kunstwerken und traditionellen Objekten der First Nations zählt zu den größten und besten der Welt.

Helmcken House

Das gegenüber der Garderobe gelegene Museumscafé serviert Kaffeespezialitäten und Gebäck sowie Salate und Sandwiches.

Der gebührenpflichtige Parkplatz liegt hinter dem Museum an der Superior Street.

Am Eingang werden kostenlose Museumsführer verteilt.

- *675 Belleville St, Victoria*
- *Karte P4*
- *250 356 7226*
- *www.royalbcmuseum.bc.ca*
- *tägl. 10–17 Uhr; 1. Jan & 25. Dez geschl.*
- *Eintritt: Erwachsene 21,60 $, Senioren, Jugendliche & Studenten 15,75 $, Familien 61,75 $ (Kinder unter 5 Jahren frei)*

Top 10 Exponate

1. St. Ann's Schoolhouse
2. Ocean Station
3. Natural History Gallery
4. First Nations Big House
5. History Gallery
6. Helmcken House
7. Netherlands Centennial Carillon Tower
8. Mungo Martin House
9. National Geographic IMAX Theatre
10. Thunderbird Park

1 St. Ann's Schoolhouse

Das 1844 erbaute Schulhaus wurde dem Museum von den Sisters of St. Ann gestiftet. 1974 wurde es an den heutigen Standort verlegt. Es dient als Informationszentrum.

2 Ocean Station

Die in Form eines U-Boots gestaltete Ausstellung aus viktorianischer Zeit präsentiert die Meereswelt der Küste British Columbias. Bullaugen und ein bewegliches Periskop bieten Blick auf die bunte Unterwasserwelt des 360-Liter-Aquariums *(Mitte)* mit Tangwald, Seeigeln, Seesternen, Fischen und anderen Meerestieren.

3 Natural History Gallery

Dioramen zeigen verschiedene Habitate – vom Meer bis zum borealen Nadelwald einschließlich des riesigen Primärwalds, der einst die Küste von British Columbia bedeckte. Der Grizzlybär, das größte Landraubtier in British Columbia, ist besonders beeindruckend.

Mammuts lebten vor etwa 25 000 bis 12 000 Jahren in den kalten Regionen der Erde.

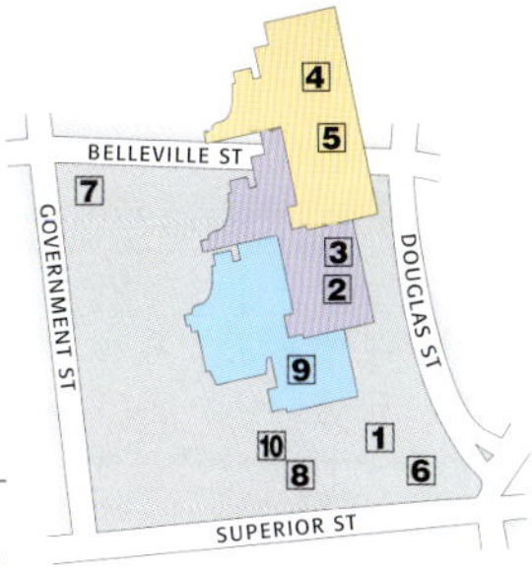

4 First Nations Big House

In dem indianischen Langhaus bieten historische Fotos, Videos, Tonaufnahmen, Zeremoniemasken *(oben)* und andere indianische Artefakte ein unvergessliches Erlebnis.

Legende

■	Erdgeschoss
■	1. Stock
■	2. Stock

5 History Gallery

Die 20th-Century Hall entführt in das Victoria der Zeit nach 1900. Zu den rekonstruierten Gebäuden gehören das Grand Hotel mit der authentischen Holzveranda *(rechts)*, eine Lachskonservenfabrik, eine Schneiderei und ein chinesischer Kräuterladen, jeweils mit historischen Inneneinrichtungen. Sanftes Licht sorgt für stimmungsvolle Atmosphäre.

6 Helmcken House

Das von Dr. John Sebastian Helmckens aus Douglasfichte erbaute Blockhaus (1852), eines der ältesten in BC, befindet sich am Originalstandort. Die drei Zimmer bergen Stilmöbel aus viktorianischer Zeit.

7 Netherlands Centennial Carillon Tower

Der Turm mit 62 Glocken wurde 1967 von holländischstämmigen Bewohnern der Provinz gestiftet. Kostenlose Konzerte gibt es sonntags um 15 Uhr.

8 Mungo Martin House

Das »Wawadit'la« genannte Langhaus wurde 1952 von Chief Mungo Martin und seiner Familie erbaut. Mungo galt als der beste Schnitzer seiner Zeit. Die Hauspfosten sind mit dem Familienwappen verziert. Wawadit'la wird noch heute, mit Erlaubnis von Chief Martins Enkel, als Langhaus für zahlreiche Veranstaltungen der First Nations genutzt.

9 National Geographic IMAX Theatre

Die wechselnden Dokumentarfilme auf der gewaltigen Leinwand widmen sich Walen, dem Weltall und anderen Themenbereichen.

10 Thunderbird Park

Der Park beherbergt ein Dutzend Pfähle. Die mythischen Figuren entstammen den tradierten Legenden der Küsten-Salish. Zu sehen sind Gedenkpfähle der Gitxsan, Begräbnispfähle der Haida, ein Cumshewa-Pfahl und Totempfähle der Kwakwaka'wakw.

Kurzführer

Die Hauptexponate befinden sich in den oberen Etagen des Museums. Die Natural History Gallery und die Galerie für Wechselausstellungen liegen im ersten, die First Nations und die History Gallery im zweiten Stock. Im Freien gibt es weitere Stätten.

Beim Glockenturm ist der Eingang zu den BC Archives des Museums mit in British Columbia heimischen Pflanzen verziert.

Long Beach

Die Westküste von Long Beach auf Vancouver Island bietet unberührte Natur, primären Regenwald, endlose Strände und atemberaubende Panoramen. Im UNESCO-Biosphärenreservat Clayoquot Sound sind Weißkopfseeadler, im Pazifischen Ozean Weißflankenschweinswale, Seelöwen und Robben zu sehen. Long Beach bietet fantastische Möglichkeiten zum Surfen, Fischen, Kajakfahren und Stürmebeobachten.

Boogie-Boarder, Long Beach

Long Beach lädt dazu ein, Austern, Heilbutt, Taschenkrebse und Wildlachs zu kosten. In Tofino serviert das Schooner Restaurant (331 Campbell St; 250 725 3444) für Vancouver Island typisches Seafood, Bio-Geflügel und perfekt gereiftes Fleisch. In Ucluelet bietet Norwoods Restaurant (1714 Peninsula Rd; 250 726 7001) traditionelle Küche.

Buchen Sie frühzeitig für das Ende März stattfindende, einwöchige Pacific Rim Whale Festival (250 726 7798; www.pacificrimwhalefestival.com).

- *Karte A4*
- *Information: www.tourismtofino.com & www.uclueletbc.com*

Top 10 Küstenidylle

1. Wickaninnish Interpretive Centre
2. Tofino
3. Long Beach
4. Clayoquot Sound
5. Vargas Island
6. Eagle Aerie Gallery
7. Pacific Rim National Park Reserve of Canada
8. Ucluelet
9. Wild Pacific Trail
10. West Coast Trail

1 Wickaninnish Interpretive Centre

Das aus Zedernholz erbaute Zentrum ist für Besucher von Long Beach exzellente erste Anlaufstelle. Es zeigt naturkundliche Exponate und historische Artefakte der Nuu-Chah-Nulth-Indianer. Von der Aussichtsplattform sind Wale zu erspähen. Die angebotenen Strandführungen sind äußerst empfehlenswert.

2 Tofino

Der spanische Entdecker Juan Francisco de la Bodega y Quadra benannte Tofino nach einem seiner Lehrer. Der hübsche Küstenort mit 1600 Einwohnern liegt am Eingang des Clayoquot Sound nahe der weißen Sandstrände. Er lädt zu Outdoor-Aktivitäten und zum Beobachten von Winterstürmen ein. An den Government Docks *(Mitte)* wird Fisch direkt von den Booten verkauft.

3 Long Beach

An dem 25 Kilometer langen, windumtosten weißen Sandstrand *(unten)* brechen sich stete Wellen. Die Brandung des Pazifiks bietet das ganze Jahr über hervorragende Surfbedingungen. Hinter dem Strand wachsen riesige Sitka-Fichten und Zedern in moosigen Regenwäldern.

Die malerische, 320 Kilometer lange Fahrt von Victoria nach Tofino auf den Highways 1 & 4 dauert etwa sechs Stunden.

4 Clayoquot Sound

Am Clayoquot (»kleck-wot«) Sound wachsen 1700 Jahre alte, rund 90 Meter hohe Bäume. In dem Gebiet leben Schwarzbären, Wapiti *(oben)*, Wölfe und der Marmelalk, eine vom Aussterben bedrohte Vogelart. Die Küste prägen Buchten, Strände, Kanäle, Gezeitenlagunen und Wattgebiete.

5 Vargas Island

Vargas Island bietet Sandstrände und ein artenreiches Meer. Man erreicht die zerklüftete Insel per Boot, Kajak oder Wasserflugzeug. Am größten Strand, Ahous Bay, lebt eine Wolfsunterart.

6 Eagle Aerie Gallery

Die Fassade des aus handgeschnittenen Zedern erbauten Langhauses ist in der Tradition der First Nations der Region beschnitzt und bemalt. Auch Werke des international bekannten Tsimshian-Grafikers Roy Henry Vickers, der die Galerie führt, werden verkauft *(unten)*.

7 Pacific Rim National Park Reserve of Canada

Der 130 Kilometer lange Park bietet hervorragende Möglichkeiten zur Walbeobachtung. Er besteht aus drei Gebieten: Long Beach, West Coast Trail und Broken Group Islands *(siehe S. 101)*.

8 Ucluelet

Die kleine Stadt ist Ausgangspunkt für viele Aktivitäten zu Land und zu Wasser. Hier kann man Stahlkopfforellen, Störe, Heilbutte, Pazifik- und Süßwasserlachse fischen. Das gemäßigte Klima bewirkt 328 frostfreie Tage im Jahr.

9 Wild Pacific Trail

Der atemberaubende 16 Kilometer lange Wanderweg führt von der Halbinsel Ucluelet durch den Küstenregenwald bis zum Pacific Rim National Park. Die dichten Nadelbaumbestände gehören zum größten gemäßigten Tieflandregenwald der Welt.

10 West Coast Trail

Die 75 Kilometer lange Route folgt einem historischen Rettungsweg für auf See verunglückte Matrosen. Vor der Küste gingen etwa 65 Schiffe unter. Auf der Wanderung sieht man felsige Landspitzen mit zahllosen Höhlen, Bogen und Wasserfällen.

Grauwale

Jedes Jahr schwimmen rund 22 000 Grauwale bei Long Beach an Vancouver Island vorbei. Von Dezember bis Anfang Februar wandern die Tiere von der Arktis in Gewässer vor Südkalifornien und Mexiko, wo sie ihren Nachwuchs gebären. Im Mai kehren sie wieder nach Norden zurück. Insgesamt legen die Wale dabei rund 18 000 Kilometer zurück.

Wanderungen auf dem West Coast Trail (sieben Tage) oder dessen Abschnitten erfordern Reservierung & Genehmigung: 250 387 1642.

TOP 10 Whistler

Vom glitzernd blauen Howe Sound bis zu den verschneiten Coast Mountains – die rund 120 Kilometer lange Strecke von Vancouver nach Whistler bietet grandiose Landschaften. Die benachbarten Gipfel des Whistler Mountain und des Blackcomb Peak sind faszinierend. Sie locken jährlich rund zwei Millionen Besucher an. Der Ort Whistler ist das ganze Jahr über Urlaubsresort, er war Austragungsort der Skiwettbewerbe der Olympischen und Paralympischen Spiele 2010. Neben exzellenten Hotels und Unterkünften, über 90 Restaurants und 200 Läden bietet die Region unberührte Waldgebiete und fünf Seen.

Chalet im Upper Village

Horstman Hut ist das höchstgelegene Lokal (2284 Meter) am Blackcomb Peak.

Fahren Sie mit Peak 2 Peak, der weltweit höchsten und längsten Seilbahn ihrer Art, vom Whistler Mountain zum Blackcomb Peak.

Das Whistler Visitor Centre bietet kostenlos Informationen.

Nehmen Sie auch im Sommer warme Kleidung mit in die Berge.

- *Karte F1*
- *www.whistler.com*
- *Whistler Visitor Centre: 4230 Gateway Drive; 604 935 3357*
- *Whistler Central Reservations: 604 932 0606 oder 1 800 944 7853*

Top 10 Skigebiet

1. Whistler Mountain
2. Blackcomb Peak
3. Whistler Village
4. Alta Lake
5. Upper Village
6. Valley Trail
7. Fairmont Chateau Whistler
8. Green Lake
9. Creekside
10. Village North

1 Whistler Mountain

Das knapp 20 Quadratkilometer große Gebiet mit über 100 Pisten *(Mitte)* ist bei Skifahrern und Snowboardern äußerst beliebt. Die Whistler Village Gondola bietet auf der 20-minütigen Fahrt zum Gipfel herrliche Aussicht auf das Whistler Valley. Im Sommer lockt das Gebiet Wanderer und Mountainbiker an. Für das leibliche Wohl sorgen Berglokale.

2 Blackcomb Peak

Der »Mile High« genannte Blackcomb Peak ist 2440 Meter hoch. Von drei Stationen aus können Skifahrer und Snowboarder unter mehr als 100 Pisten wählen. Im Sommer empfiehlt sich ein Ausflug zum Horstman Glacier – zur Besichtigung oder um die exzellenten Bedingungen auf dem Gletscher zum Skifahren und Snowboarden zu nutzen.

3 Whistler Village

Die autofreie Enklave im alpinen Stil umringen Läden, Hotels und Lokale *(unten)*. Sie bietet Skifahrern direkten Zugang zum Whistler Mountain. Der Ort ist rund um die Uhr betriebsam – mit Sportlern frühmorgens und Clubbesuchern bei Nacht.

Auf der Strecke nach Whistler, »vom Meer zum Himmel«, gibt es atemberaubende Aussichtspunkte.

4 Alta Lake

An dem See lag das erste Resort Whistlers, die Rainbow Lodge. Reste sind am Rainbow Park *(oben)* zu sehen, der zum Picknicken einlädt. Am Alta Lake kann man auf dem Valley Trail wandern, man kann schwimmen, surfen und Kanu fahren.

8 Green Lake

Der Gletschersee mit dem glasklaren Schmelzwasser ist wirklich grün. Er ist vor allem bei Kanuten beliebt. Der Green Lake bietet Aussicht auf einige der höchsten Gipfel des Gebiets, z. B. den mächtigen Mount Currie.

9 Creekside

Der historische Ort an der Creekside Gondola wurde mit Millioneninvestitionen herausgeputzt und um Luxushotels und eine Minimall erweitert. Er bietet Skifahrern direkten Zugang zum Whistler Mountain.

5 Upper Village

Der am Fuß des Blackcomb Peak gelegene Ort bietet idealen Zugang zu den Pisten und eine exzellente Infrastruktur mit Ski-in-Ski-out-Luxushotels, erstklassigen Restaurants und edlen Läden. Kinder finden im Sommer in der Adventure Zone Unterhaltung.

6 Valley Trail

Der 20 Kilometer lange Valley Trail lockt Wanderer, Radfahrer und Inlineskater an. Er führt zu Lost Lake, Rainbow Park, Alta, Nita und Alpha Lake und durch Wälder, die die Wohngebiete umgeben. Im Winter gehört der Lost Lake Loop den Skilangläufern.

7 Fairmont Chateau Whistler

Das schlossartige Hotel *(oben)* ragt in Upper Valley über dem Tal empor. Es verzaubert mit antiken Möbeln, mit Blattgold verzierten Deckenmalereien und kanadischen Kunstwerken in der Lobby. Die beheizte Veranda der opulenten Mallard Bar ist äußerst beliebt.

10 Village North

Das Village North entstand nach dem Upper Village. Es bietet Zufahrtsmöglichkeit mit dem Auto. Die Shopping-Mall birgt neben dem exzellenten Lebensmittelladen The Marketplace weitere gute Läden, Cafés und Restaurants.

In Whistler unterwegs

Ein kostenloser Shuttle-Dienst verkehrt im 20- bis 30-Minuten-Takt zwischen Hotels und Skigebieten. WAVE-Busse fahren in die Dörfer und in der Stadt. Taxis kann man unter 604 932 3333 bestellen.

Das Whistler Museum & Archives, 4333 Main St, Village North (604 932 2019) bietet Einblick in die Pioniertage der Region.

Links **Fairmont Chateau Whistler Golf Course** Rechts **Snowboarder, Blackcomb Peak**

Top 10 Aktivurlaub in Whistler

1 Skifahren

Die mehr als 100 Pisten an Whistler Mountain und Blackcombe Peak sprechen Skifahrer aller Klassen und jeden Alters an. Jährlich fallen über zehn Meter Schnee, zudem werden Schneekanonen eingesetzt. Im Sommer lockt der Gletscher des Blackcomb Peak Skifahrer.

2 Golf

Die »Big Four« genannten Golfplätze von Whistler liegen in herrlicher Berglandschaft mit wunderbarer Aussicht. In die hügeligen Greens sind Seen und Bäche integriert. Zu den luxuriösen Einrichtungen zählen einige Gourmetrestaurants. *Whistler Central Reservations: 1 800 944 7853*

3 Hundeschlittenfahrten

Hundeschlittenfahren ist ein Winterspaß für Erwachsene und Kinder. Sieben starke Huskys ziehen jeweils einen Schlitten – ein tolles Abenteuer in freier Natur. *Cougar Mountain: 1 888 297 2222*

4 Schneemobile & Schneeraupen

Erkunden Sie auf schnellen Schneemobilen oder in gemächlicheren beheizten Schneeraupen den Blackcomb Peak. Zur Fahrt lässt sich ein Abendessen in der Crystal Hut buchen. *Canadian Snowmobile Adventures: 604 938 1616*

5 Snowboarden

Jedes Jahr kommen in den Snowboardparks größere und bessere Rails und Pipes hinzu. Auch Anfänger finden passendes Gelände vor.

6 Bären

Bei einer Tour mit dem einheimischen Bärenforscher Michael Allen kann man Schwarzbären aus nächster Nähe beobachten. In den Primärwäldern der Region leben etwa 50 Bären, die die Berghänge auf Nahrungssuche durchstreifen. Die Führungen sind für Teilnehmer jeden Alters geeignet.

Schwarzbärjunges

7 Mountainbiken

Der Mountain Bike Park bietet freie Abfahrten und perfekt instand gehaltene, technisch anspruchsvolle Trails. In den drei Skills Centres und auf dem Hindernisparcours, der alle Schwierigkeitsgrade, beinhaltet, bekommt man schnell Übung.

Mountainbiker, Whistler Mountain

Die Skisaison an Whistler Mountain und Blackcomb Peak dauert von Ende November bis Ende April.

Top 10 Feste in Whistler

1. First Night: Silvesterfeiern für Familien (31. Dez)
2. Winter Pride: schwul-lesbische Ski- und Snowboardwoche (Feb)
3. TELUS World Ski & Snowboard Festival: Konzerte, Filme & Abenteuer (Apr)
4. Canada Day: Nationalfeiertag mit buntem Feuerwerk (1. Juli)
5. Kokanee Crankworx Freeride Mountain Bike Festival: Rennen & Partys (Juli)
6. Canadian National BBQ Championships: Kanadas talentierteste Grillmeister im Wettbewerb (Aug)
7. Children's Art Festival: Kostenlose Musik, Tanz, Theater & Spaß (Aug)
8. Cheakamus Challenge: Mountainbikerennen über 70 Kilometer (Sep)
9. Cornucopia: Gourmet- & Weinfest (Nov)
10. Whistler Film Festival: Skifilme, kanadische Filme & Videos (Dez)

Whistlers Pioniere

Ehe Whistler zum Skiparadies wurde, zog das Gebiet Abenteurer, Bergarbeiter, Holzfäller und Unternehmer wie Alex und Myrtle Philip an. Das junge amerikanische Paar zog 1912 in die Region und eröffnete zwei Jahre später am Alta Lake für Angler die Rainbow Lodge, die schnell zum besten Urlaubshotel in British Columbia wurde. Gäste erreichten das Haus mit der heute nicht mehr bestehenden Pacific Great Eastern Railway. 1977 brannte die Lodge ab. Eine der Gästeblockhütten blieb erhalten, Alex' romantische Seufzerbrücke wurde am Originalstandort rekonstruiert.

Rainbow Lodge
Das Haupthaus bestand aus von Hand geschlagenen und geschalten Baumstämmen. Von den einst 15 Gebäuden steht nur noch eine Hütte

8 Berglandschaft

Im Sommer machen schneebedeckte Gipfel, Gletscher und die *whistler* (Pfeifer) genannten Murmeltiere Wanderungen unvergesslich. Das markierte Wegenetz ist knapp 50 Kilometer lang. Erfrischungen bietet die Roundhouse Lodge. Ein Sessellift fährt zum Horstman Glacier hinauf *(siehe S. 28)*.

9 Adventure Zone

Die Blackcomb Base Adventure Zone im Upper Village gefällt Kindern und Eltern. Attraktionen sind die kindgerechte Rodelbahn Westcoaster Luge, das Kletterzentrum, das Bungee-Trampolin und der Spin Cycle, der einem Astronautentraining gleicht.

10 Kanu & Rafting

Schon der Hotelpionier Alex Philip bot auf dem malerischen Alta Lake Kanutouren an. An heißen Sommertagen sind sie bis heute beliebt. Kanus und Führer kann man mieten. Abenteuerlustige locken Raftingtouren auf Green, Birkenhead oder Elaho River an. ✆ *Whistler Outdoor Experience: 604 932 3389* ✆ *Whistler River Adventures: 604 932 3532*

Mehr zu Unternehmungen in Whistler & Blackcomb (auch Bärenbeobachtung) unter 604 967 8950 & **www.whistler.com**

Links **Chinese Cultural Centre Museum & Archives** Rechts **Museum of Vancouver**

TOP 10 Museen & Sammlungen

1 University of British Columbia Museum of Anthropology

Das auf den Klippen über dem Burrard Inlet gelegene beeindruckende Museum besitzt mehr als 500 000 ethnografische und archäologische Artefakte aus aller Welt. Der Schwerpunkt liegt auf Kunstwerken der in den Küstenregionen beheimateten First Nations *(siehe S. 16f)*.

***The Raven and the First Men,* UBC Museum of Anthropology**

2 Vancouver Art Gallery

Das Museum zeigt historische und zeitgenössische Werke von Künstlern aus British Columbia und dem Rest der Welt sowie die weltweit größte Sammlung von Werken Emily Carrs. Im *Fin-de-siècle*-Saal finden Wechselausstellungen statt *(siehe S. 18f)*.

3 Vancouver Police Museum

Das Museum bietet einen faszinierenden Einblick in die Kriminal- und Justizgeschichte von Vancouver. Zu den 20 000 Exponaten, die im historischen Coroner's Court ausgestellt sind, gehören konfiszierte Waffen, Falschgeld und Ausstellungen wissenschaftlicher Beweise. Da das Museum viele Führungen für Schulklassen veranstaltet, befinden sich viele Kinder unter den Besuchern. *240 E Cordova St • Karte M4 • 604 665 3346 • Di–So 10–17.30 Uhr • Eintritt*

4 Chinese Cultural Centre Museum & Archives

Die Gebäude zeigen typisch chinesische Architektur. Die Sammlung widmet sich der Geschichte der chinesischen Gemeinde, vom Cariboo-Goldrausch der 1860er Jahre bis zur Ansiedlung in Chinatown. Im Anbau ist klassische und moderne chinesische Kunst zu sehen. *555 Columbia St • Karte M4 • 604 658 8880 • Di–Sa 11–17 Uhr • Eintritt*

5 Museum of Vancouver

Dauer- und Wechselausstellungen dokumentieren die Geschichte Vancouvers. Interaktive Exponate, wie ein Soda Shop aus den 1950er Jahren oder die Möglichkeit Hippie-Kleidung anzuprobieren, machen jüngste Zeitgeschichte erlebbar *(siehe S. 79)*.

***The Crab,* Museum of Vancouver**

Vorhergehende Doppelseite
Wickaninnish Inn bei Long Beach, Vancouver Island

6 Charles H. Scott Gallery

Die zur Emily Carr University *(siehe S. 21)* gehörende Galerie fördert die visuelle Ausbildung und den Dialog. Sie zeigt innovative Werke von aufstrebenden und etablierten kanadischen und internationalen Künstlern. *1399 Johnston St • Karte H5 • 604 844 3809 • Mo–Fr 12–17 Uhr, Sa & So 10–17 Uhr • frei*

7 BC Sports Hall of Fame and Museum

Das 1858 Quadratmeter große Museum feiert British Columbias sportliche Errungenschaften und Lokalmatadore wie Terry Fox und seinen Marathon of Hope oder Rick Hansens Man in Motion World Tour. In der Participation Gallery kann man sich im Werfen, Rennen und Klettern versuchen. *Gate A, BC Place • Karte L4–L5 • 604 687 5520 • tägl. 10–17 Uhr • Eintritt*

8 Vancouver Maritime Museum

Artefakte, Modelle, Schiffe und Fotos dokumentieren die Seefahrtsgeschichte Kanadas. Hauptattraktion ist der restaurierte, 32 Meter lange Schoner *St. Roch*. Das Schiff war das zweite, das die Nordwestpassage durchfuhr, und das erste, das diese Strecke von West nach Ost zurücklegte *(siehe S. 77)*.

Wolfsanhänger, Bill Reid Gallery

9 Bill Reid Gallery

Bill Reid (1920–1998), einer der größten Künstler Kanadas, machte die künstlerische Tradition der Haida und der Stämme der Nordwestküste einem breiten Publikum bekannt. Das Museum birgt über 60 von Bill Reid gefertigte Schmuckstücke *(oben)* sowie Werke zeitgenössischer indianischer Künstler. *639 Hornby St • Karte K3 • 604 682 3455 • Winter: Mi–So 11–17 Uhr; Sommer: Mo–Fr 10.30–17 Uhr, Sa & So 11–17 Uhr • Eintritt*

10 Inuit Gallery

Die renommierte Galerie verkauft herausragende Werke der Inuit und der First Nations der Nordwestküste, darunter Skulpturen, Grafiken und Schmuck. *206 Cambie St • Karte L3 • 604 688 7323 • Mo–Sa 10–18 Uhr, So 11–17 Uhr*

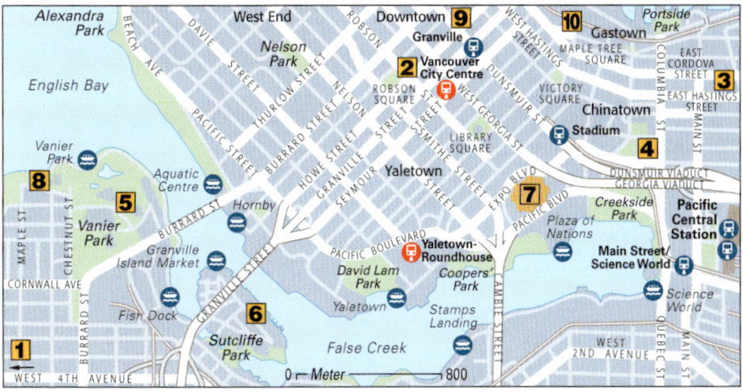

Für Familien, Senioren und Jugendliche ist der Eintritt in Museen oft ermäßigt.

Links **Schnitzkunst, UBC Museum of Anthropology** Rechts **Totempfahl, Thunderbird Park**

Top 10 Kunst der First Nations

1 'Ksan-Fries

Den Fries aus Rotzedernholz mit Darstellungen der Rabenmythen von der Nordwestküste schnitzten fünf Künstler. Die neun Tafeln illustrieren, wie der Rabe, ein trickreicher Schelm, die Elemente schuf. *1025 W Georgia St • Karte K3*

2 The Jade Canoe

Die Bronze des Haida-Künstlers Bill Reid ist der zweite Guss von *The Black Canoe*. Das sechs Meter lange Kanu zeigt 13 Figuren aus Haida-Mythen. *Vancouver International Airport • Karte A2*

***The Jade Canoe*, Bill Reid**

3 Inukshuk

Die von Alvin Kanak für die Expo '86 angefertigte Arbeit ist eine traditionelle Figur der Inuit, die Reisende willkommen heißt. Die Granitskulptur ist allerdings viel größer als die Markierungen, die viel weiter im Norden am Wegesrand aufgestellt wurden. *English Bay Beach • Karte G3*

4 Geschnitzte Portale

Die Schnitzarbeiten von vier Gitxsan-Künstlern der aus Rotzeder gefertigten Doppeltore des UBC Museum of Anthropology *(siehe S. 34)* schildern eine Sage aus der Skeena-River-Region. Geschlossen zeigen die Tore den Umriss einer Bugholzschachtel.

5 Kwakwaka'wakw-Totempfahl

Der im Royal British Columbia Museum *(siehe S. 24f)* in Victoria ausgestellte Pfahl ist eine kraftvolle, moderne Version traditioneller Schnitzkunst. Die von den Kwakwaka'wakw-Künstlern Jonathan Henderson und Sean Wonnock angefertigte Arbeit zeigt einen Orca und einen Donnervogel.

6 Hetux

Die riesige, aus Birkenholz und Aluminium gefertigte Installation, die von der Decke herabhängt, begrüßt Reisende am Flughafen von Vancouver. Der Künstlerin Connie Watts gelten ihre Tierdarstellungen – etwa Donnervogel, Kolibri, Wolf und Lachs – als Verkörperungen des ungezähmten Geists ihrer Großmutter. *Vancouver International Airport • Karte A2*

7 Thunderbird House Post

Der Pfahl zeigt einen Donnervogel über einem Grizzlybären, der einen Menschen hält. Er ist die Replik eines von zwei Hauspfosten, die Charlie James im frühen 20. Jahrhundert schuf. Die nach 40 Jahren im Stanley Park verwitterten Pfosten wurden restauriert und geschützt wieder aufgestellt. Den Pfosten im Brockton Point Visitor Centre *(siehe S. 9)* gestaltete Tony Hunt.

Familienclans der First Nations werden in der Kunst u. a. durch Adler, Frösche, Raben, Orcas und Grizzlybären verkörpert.

8 Chief of the Undersea World

Als Bill Reids Skulptur 1984 vor dem Vancouver Aquarium aufgestellt wurde, wurden in der Anlage noch Orcas gehalten. Die fünf Meter hohe Bronzearbeit ehrt diese Meerestiere. ⓢ *Stanley Park • Karte G1*

9 Höchster freistehender Totempfahl der Welt

Der Pfahl wurde 1956 im Beacon Hill Park *(siehe S. 96)* aufgestellt. Der Kwakwaka'-wakw-Häuptling Mungo Martin, David Martin und Henry Hunt fertigten ihn in sechs Monaten aus einer 39 Meter hohen Zeder an. ⓢ *Karte Q6*

10 Ahnenfiguren der Küsten-Salish

Die beiden fünf Meter hohen Rotzederfiguren im Stil der Musqueam in der Custom Hall des Flughafens von Vancouver schuf die aus dem Nordwesten stammenden Künstlerin Susan A. Point . ⓢ *Vancouver International Airport • Karte A2*

Ahnenfiguren der Küsten-Salish

Top 10 Kunst im öffentlichen Raum

1 Knife Edge

Die monumentale abstrakte Skulptur stammt von Henry Moore. ⓢ *Queen Elizabeth Park • Karte B2*

2 Photo Session

Seward Johnsons Bronzefamilie posiert für einen Schnappschuss. ⓢ *Queen Elizabeth Park • Karte B2*

3 The Crab

George Norris schuf den stilisierten Krebs aus Stahl. ⓢ *1100 Chestnut St • Karte G4*

4 Gate to the Pacific Northwest

Alan Chung Hungs Skulptur erinnert an Navigationsinstrumente aus dem 18. Jahrhundert. ⓢ *Vanier Park • Karte G4*

5 Primavera

In Jack Shadbolts Acrylbild verkörpern hölzerne Schmetterlinge Verwandlung. ⓢ *1075 W Georgia St • Karte J3*

6 Salute to the Lions of Vancouver

G. Falks Stahllöwen bilden mit der Lions Gate Bridge und den Lions-Gipfeln eine Linie. ⓢ *999 Canada Place Way • Karte L2*

7 Angel of Victory

Cœur de Lion MacCarthys Bronzeengel trägt einen Gefallenen des Ersten Weltkriegs. ⓢ *601 W Cordova St • Karte L3*

8 Street Light

Schatten von Metallplatten werfen Bilder von historischen Ereignissen auf das Pflaster. ⓢ *Marinaside Cres • Karte K5*

9 Pendulum

Alan Storey schuf das riesige Pendel. ⓢ *885 W Georgia St • Karte K3*

10 Cooper's Mews

Alan Storeys Werk erzeugt Dampf und Töne. ⓢ *1033 Marinaside Cres • Karte K5*

Gestalten aus der Mythologie sind in der Kunst der First Nations häufige Motive.

Links **Sunken Garden, Butchart Gardens** Rechts **Aras im Bloedel Floral Conservatory**

TOP 10 Parks & Gärten

1 Pacific Spirit Regional Park

Der große, vielseitige Park mit Kiefernwäldern, Birken, Erlen und Pappeln liegt auf einer Halbinsel im Westen von Vancouver. Ein ausgedehntes Wegenetz führt vom Point Grey über die Halbinsel bis zum Fraser River. Zum Park gehören auch Strände, Klippen, von denen man über den breiten Strand Spanish Banks blickt, und das Sumpfgebiet Camosun Bog *(siehe S. 88)*.

2 David Lam Park

Der hügelige Park in Yaletown bietet Wiesen, ruhige Ecken zum Sitzen und Entspannen, einen hübschen Zierteich und einen Spielplatz für Kinder. Die Blumenbeete zeigen asiatischen Einfluss. *Karte J5*

3 Queen Elizabeth Park

Der Park im Zentrum von Vancouver war einst ein Steinbruch. Der Quarry Garden bildet den Mittelpunkt der hübchen Anlage. In einem kleinen Rosengarten blühen ganzjährig winterharte Sorten. Im Sommer verlocken die Hügel zum Picknick *(siehe S. 88)*.

4 Stanley Park

Im Regenwald des Parks dominieren Zedern, Fichten und Hemlock-Tannen. Auf dem Gelände gedeihen auch Rosen, Rhododendrenkreuzungen, Magnolien, Kirschbäume, Hartriegel und viele andere Pflanzen. 350 000 Blumen sorgen für ganzjährige Blütenpracht *(siehe S. 8f)*.

5 Bloedel Floral Conservatory

In der schwül-heißen Atmosphäre des ersten geodätischen Gewächshauses in Kanada wachsen Wüsten- und Tropenpflanzen. Es ertönen die Rufe umherfliegender Vögel. *Queen Elizabeth Park, W 33rd Ave & Cambie St • Karte B2 • 604 257 8570*

6 Spanish Banks Beach Park

An Vancouvers längstem Sandstrand tummeln sich Spaziergänger, Radfahrer, Ausflügler und Familien. *Karte A2*

7 Dr. Sun Yat-Sen Classical Chinese Garden

Der Park in Chinatown verströmt die Ruhe eines Gartens der Ming-Dynastie *(siehe S. 63)*.

Dr. Sun Yat-Sen Classical Chinese Garden

An den Spanish Banks neben dem Pacific Spirit Regional Park kann man herrlich den Sonnenuntergang bewundern.

Camosun Bog, Pacific Spirit Regional Park

8 Butchart Gardens

1904 begann Jenny Butchart am Stadtrand von Victoria fünf bezaubernde Gärten anzulegen, um den von ihrem Ehemann abgebauten Kalksteinbruch zu verschönern. Zunächst entstand der Japanese Garden, anschließend der Sunken Garden. Jedes Jahr blühen in den Beeten etwa eine Million Pflanzen 700 verschiedener Arten *(siehe S. 101)*.

9 VanDusen Botanical Garden

Der Garten birgt eine grandiose Vielfalt an Blumen, Sträuchern und Bäumen. Die aus sechs Kontinenten stammenden 7500 Arten gedeihen im Wechsel der Jahreszeiten. Wiesen, Teiche, Steinskulpturen und Wäldchen verleihen dem Garten zusätzlichen Reiz *(siehe S. 88)*.

10 Vanier Park

Der 15 Hektar große Park bei Granville Island an der English Bay ist nach dem Generalgouverneur Kanadas (1959–1967) Georges P. Vanier benannt. Er ist weitgehend baumlos. Auf der weiten Fläche lassen viele Besucher Drachen steigen *(siehe S. 78)*.

Top 10 Bäume in BC

1 Douglasie
Die Wirtschaft von BC basierte früher auf dem Holz dieses imposanten, bis zu 90 Meter hohen Baumes.

2 Nootka-Scheinzypresse
Sie wächst in kühleren Höhen. Ihr weiches Holz eignet sich ideal für die Schnitzkunst der First Nations.

3 Riesen-Lebensbaum/ Rotzeder
Der bis zu 67 Meter hohe Baum besitzt dunkle, schuppenförmige, duftende Nadeln.

4 Hemlock-Tanne
Den an der Westküste häufigsten Baum erkennt man an der hängenden Spitze.

5 Sitka-Fichte
Der Carmanah Giant ist Kanadas höchster bekannter Baum. Die 95 Meter hohe Sitka-Fichte wächst auf Vancouver Island.

6 Erdbeerbaum
Der Baum mit der abblätternden rotbraunen Rinde ist der einzige in Kanada heimische immergrüne Laubbaum.

7 Kiefer
Die geraden Küsten- und Gelb-Kiefern wachsen in höheren Lagen.

8 Hartriegel
Die Wappenpflanze von British Columbia blüht im Frühling weiß oder rosa.

9 Japanische Blütenkirsche
An Vancouvers Straßen stehen über 19 000 dieser schön blühenden Bäume.

10 Ahorn
Kanadas Nationalbaum wächst in der Region als Kahler Ahorn, Weinblatt- und Oregon-Ahorn, aus dem die First Nations Kanupaddel schnitzen.

Plätze für das Festival of Lights im VanDusen Botanical Garden im Dezember sollte man unbedingt im Voraus reservieren.

Links **Provence Marinaside** Rechts **Bacchus Restaurant**

Top 10 Restaurants

1 Provence Marinaside

In mediterraner Atmosphäre genießen Gäste an Holztischen exzellentes Seafood. Es gibt eine Austernbar, Antipasti werden in einer Vitrine dargeboten. Ein Sommelier hilft bei der Weinauswahl. Am Wochenende lädt das Restaurant zum Brunch ein *(siehe S. 83)*.

2 CinCin Ristorante & Bar

Die Speisekarte des Restaurants mit italienischem Flair beinhaltet Gerichte aus dem Holzofen. Für Gäste, die ein wenig Muße haben, empfiehlt sich das 25 Minuten lang unter einem Ziegel im Ofen gegarte, zarte Hühnchen aus Freilandhaltung. Bäume schirmen die Terrasse vom Trubel der Straße ab. Das Restaurant führt 800 Weine *(siehe S. 73)*.

CinCin Ristorante & Bar

3 Blue Water Café & Raw Bar

In dem aus Ziegeln erbauten, 100 Jahre alten Lagerhaus mit Holzbalken wird hervorragendes Seafood serviert. Die Einrichtung ist modern, die Atmosphäre freundlich. Die Küche bietet Köstlichkeiten wie Kohlenfisch in Soja-Ingwer-Brühe und Platten mit Meeresfrüchten, Sushi und Taschenkrebsen. An der Raw Bar regiert ein Sushi-Meister. Die Champagnerauswahl ist exzellent *(siehe S. 83)*.

4 Nu

Das Restaurant verleiht klassischen griechischen Gerichten wie *calamari*, *dolmades* und gebratenem Lamm eine moderne Note. Der beliebte Brunch, der am Wochenende von 10.30 bis 15 Uhr serviert wird, beinhaltet griechische und kanadische Speisen. Gelegentlich werden griechische Nächte mit Musik und Tanz veranstaltet. Der umlaufende Balkon bietet fantastischen Aussicht auf den False Creek und die English Bay *(siehe S. 83)*.

5 Bacchus Restaurant

Gäste genießen bei Pianomusik Gerichte aus regionalen Zutaten, z. B. Wildlachs, Zuchtwild und Lammkarree. Das luxuriöse Restaurant zieht ein wohlhabendes Publikum an, das das europäische Ambiente schätzt. Auf der bemerkenswerten Weinkarte finden sich Weine aus Europa, Kalifornien und British Columbia *(siehe S. 73)*.

Blue Water Café & Raw Bar

Die Küche der Westküste kombiniert Fisch, Meeresfrüchte und Fleisch mit einzigartigen Zutaten aus der Region.

Diva at the Met

6 Diva at the Met

Die in den hohen Räumen servierte Küche des pazifischen Nordwestens trägt internationale Einflüsse. Zu den Spezialitäten zählen zimtbraun gebratene Hähnchenbrust und geräucherter Zackenbarsch. Die Desserts sind köstlich. Ein Sommelier erläutert die 550 Weine *(siehe S. 73)*.

7 Chambar

Das in dem Viertel Crosstown gelegene Restaurant ist trotz des Erfolgs bodenständig. Es ist stets gut besucht. Die traditionellen Gerichte wie *moules frites* sind exzellent, besonders empfehlenswert sind die *moules congolaise*. Bei dieser Variante werden die Muscheln in einer Sauce aus Tomaten, Kokosmilch, geräuchertem Chili und Limettensaft gekocht *(siehe S. 65)*.

8 Raincity Grill

Das elegante, mit weißen Tischdecken, Holzböden und Lederbänken ausgestattete Restaurant bietet traumhafte Aussicht auf die English Bay. Die Küche serviert im Winter Wild, im Sommer Fisch *(siehe S. 73)*.

9 Cioppino's Mediterranean Grill

Die fantasievollen Gerichte im *Cucina*-Stil werden aus frischem Gemüse und Olivenöl zubereitet und mit köstlichen kalorienarmen Saucen serviert. Auch das saftige Black-Angus-Steak mit Calamari, Hummer und Schnecken ist exzellent. Das Restaurant bietet Tische im Freien und eine hervorragende Weinkarte *(siehe S. 83)*.

10 C Restaurant

Das elegante, direkt an der English Bay gelegene Restaurant serviert regionales Seafood mit moderner Note, etwa Qualicum-Bay-Jakobsmuscheln oder Naas-River-Lachs. Der Küchenchef Robert Clark zählt zu den besten des Landes *(siehe S. 83)*.

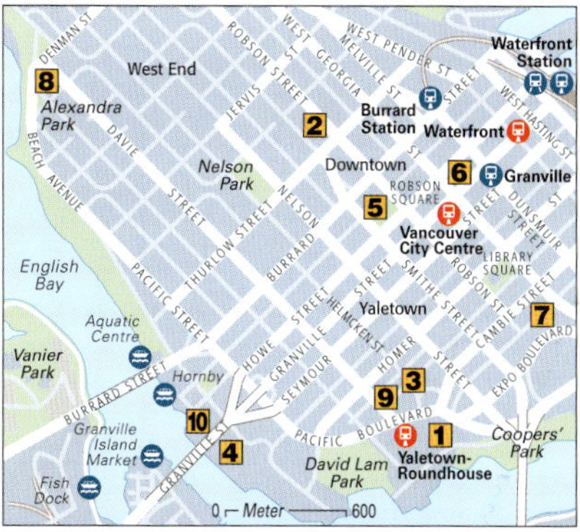

Einige Restaurants bieten preiswerte Prix-fixe-*Menüs. Erkundigen Sie sich telefonisch.*

Links **Queen Elizabeth Theatre & Vancouver Playhouse** Rechts **Das alte BC Place Stadium**

TOP 10 Veranstaltungsorte

1 Queen Elizabeth Theatre & Vancouver Playhouse

Das Queen Elizabeth Theatre ist Sitz der Vancouver Opera Company und des Ballet BC. In dem Gebäude aus den 1960er Jahren treten auch viele gastierende Künstler auf. In dem angrenzenden Saal mit 672 Plätzen inszeniert die Vancouver Playhouse Theatre Company Klassiker von Shakespeare bis Shaw und moderne Stücke.
Ecke Hamilton & Dunsmuir St • Karte L4 • 604 665 3050 • www.city.vancouver.bc.ca/theatres

Schild des Commodore Ballroom

2 Commodore Ballroom

Auf der seit etwa 75 Jahren bestehenden Musikbühne spielten schon viele internationale Größen wie die Talking Heads, Tina Turner und Dizzy Gillespie. Auch die beliebtesten kanadischen Bands und Solisten sowie bekannte Vertreter der Weltmusik sind im Commodore Ballroom zu hören *(siehe S. 74)*.

3 Stanley Industrial Alliance Stage

Das Kino aus den 1930er Jahren wurde in den 1990er Jahren zu alter Pracht restauriert. Es ist heute Bühne für Musicals, Dramen und Komödien. Das Stanley zählt zu den nostalgischsten Veranstaltungsorten der Stadt.
2750 Granville St • Karte B2 • 604 687 1644 • www.artsclub.com

4 Rogers Arena

Das riesige Stadion ist Heimat des Profi-Eishockeyteams Vancouver Canucks und einer der beliebtesten Veranstaltungsorte in Nordamerika. Seit 1995 finden in der Arena jährlich ca. 170 Konzerte und andere Events statt.
800 Griffiths Way • Karte L4 • 604 899 7400 • www.rogersarena.ca

5 BC Place Stadium

Das weiße Luftkissendach des 1983 erbauten Stadions war lange Zeit ein Wahrzeichen von Vancouver. Nach den Olympischen Spielen 2010 wurde es durch ein modernes Schiebedach ersetzt. In dem Stadion tragen das Footballteam BC Lions und der Fußballclub Vancouver Whitecaps ihre Heimspiele aus, zudem finden Konzerte und Messen statt.
777 Pacific Blvd • Karte L4–L5 • 604 669 2300 • www.bcplacestadium.com

6 Vancouver East Cultural Centre

In der renovierten, nun mit einer Bühne ausgestattenen Methodistenkirche (1909) werden Tanz, Theater, kanadische und Weltmusik geboten. Das »Cultch« wurde als eines der ersten Kulturzentren Kanadas nach dem Standard »Leadership in Energy and Environmental Design (LEED)« zertifiziert. *1895 Venables St • Karte B2 • 604 251 1363 • www.thecultch.com*

Das kostenlose Wochenblatt The Georgia Straight *bietet Veranstaltungshinweise* **siehe S. 110**

7 The Orpheum

Der altehrwürdige Vaudeville-Palast von 1926 erstrahlt heute wieder in barocker Pracht. Der in Vancouver geborene Hollywoodstar Yvonne de Carlo arbeitete in den späten 1930er Jahren in dem Theater als Platzanweiserin. Im Orpheum sind bei bester Akustik Konzerte des Vancouver Symphony Orchestra, Chöre, Rockbands und andere hochklassige musikalische Darbeitungen zu hören. *601 Smithe St • Karte K4 • 604 665 3050 • www.vancouver.ca/theatres*

The Orpheum

8 Firehall Arts Centre

Die um 1906 in Gastown erbaute Feuerwache ist heute ein innovatives Theater mit 175 Plätzen. Die modernen, oft von einheimischen Künstlern stammenden Stücke spiegeln die kulturelle Vielfalt der Stadt. Zum Theater gehören auch eine Freilichtbühne und eine gemütliche Lounge. *280 E Cordova St • Karte M4 • 604 689 0926 • www.firehallartscentre.ca*

9 Granville Island Stage/ New Revue Stage

Die Inszenierungen der beiden Theater beschreiten unkonventionelle Wege. Auf der 480 Zuschauer fassenden Granville Island Stage präsentiert der Arts Club v. a. Komödien. Auf der benachbarten New Revue Stage mit 220 Plätzen bietet das Ensemble der Vancouver TheatreSports League Improvisationstheater. *Granville Island Stage: 1585 Johnston St, 604 687 1644; New Revue Stage: 1601 Johnston St, 604 687 1644 • Karte H5 • www.artsclub.com*

10 Chan Centre for the Performing Arts

Das markante zylindrische Gebäude birgt drei Säle. Die variable Deckenkonstruktion der Chan Shun Concert Hall mit 1200 Plätzen garantiert bei Konzerten hervorragende Akustik. Zudem gibt es ein Experimentaltheater und ein Kino. *University of British Columbia, 6265 Crescent Rd • Karte A2 • 604 822 9197 • www.chancentre.com*

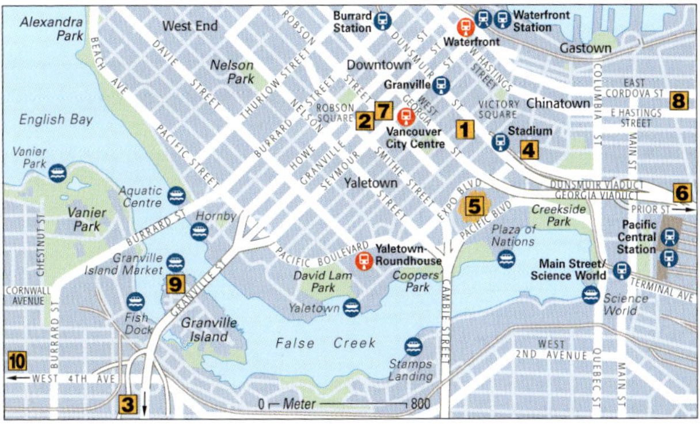

Preiswerte Tickets für Veranstaltungen in Vancouver **siehe S. 108**

Links **Bard on the Beach** Rechts **Parade beim Vancouver Pride Festival**

TOP 10 Feste & Festivals

1 Bard on the Beach Shakespeare Festival

Bei dem größten professionellen Shakespeare-Festival Westkanadas werden vor der Kulisse der English Bay auf Freilichtbühnen Stücke des Dichters gespielt und andere Veranstaltungen präsentiert. *Vanier Park • Karte G4 • Juni–Ende Sep • 604 739 0559*

2 Alcan Canadian International Dragon Boat Festival

Über 2500 Paddler aus aller Welt treffen sich zu einem vergnüglichen Wochenende mit spannenden Rennen, kulinarischen Spezialitäten, Ausstellungen und Unterhaltung. Im Preis ist der Eintritt zur Science World *(siehe S. 22f)* enthalten. *False Creek • Mitte Juni • 604 688 2382*

Alcan Dragon Boat Festival

3 HSBC Celebration of Light

Bei dem Drei-Länder-Wettkampf erhellen spektakuläre, von Musik begleitete Feuerwerke den Nachthimmel. Das Ereignis lockt Scharen mit Decken ausgestatteter Menschen zu den Stränden von English Bay, Vanier Park, Kitsilano, Jericho und West Vancouver. Um gute Plätze zu bekommen, muss man frühzeitig erscheinen. *Juli & Aug*

4 Vancouver Pride Festival

Das sich über zwei Wochen erstreckende schwul-lesbische Festival im West End bietet Picknicks, Tanz, Kreuzfahrten und Frühstücksveranstaltungen. Die abschließende große Parade und die Strandparty locken Tausende von Teilnehmern an. *Ende Juli–Anfang Aug • 604 687 0955*

5 Festival Vancouver

Die erstklassige Mischung aus kanadischer und internationaler klassischer Musik, Chordarbietungen, Jazz und Weltmusik des zweiwöchigen Festivals spiegelt den leger-urbanen Charakter Vancouvers wider. Die teilweise kostenlosen Konzerte finden in der ganzen Stadt statt, u. a. im UBC First Nations Big House. *Anfang Aug • 604 688 1152*

Feuerwerk, HSBC Celebration of Light

Karten für Veranstaltungen und Festivals in Vancouver erhält man bei Ticketmaster, Tel. 604 280 4444 **www.ticketmaster.ca**

6 **Vancouver International Film Festival**
Das bunte Programm lockt jährlich über 150 000 Besucher an. Es werden viele Filme aus Kanada und dem Pazifischen Raum gezeigt. ✆ *Anfang Okt • 604 685 0260*

7 **Vancouver International Jazz Festival**
Auf dem Festival präsentieren aufstrebende und etablierte Musiker alle Stilrichtungen des Jazz. Die rund 400 Veranstaltungen sind über die ganze Stadt verteilt. Das abschließende kostenlose Freiluftkonzert beinhaltet Darbietungen auf mehreren Bühnen. ✆ *Ende Juni–Anfang Juli • 604 872 5200*

8 **Vancouver International Writers & Readers Festival**
Internationale und kanadische Schriftsteller locken Besucherscharen zu Foren, Lesungen und auf Englisch und Französisch dargebotenem literarischem Kabarett. Das Festival bietet Gelegenheit, mit renommierten Autoren in Kontakt zu kommen. ✆ *Granville Island • Ende Okt • 604 681 6330*

9 **Vancouver Folk Music Festival**
Kanadische und internationale Musiker spielen während des Festivals bei jedem Wetter auf Freilichtbühnen. In dem am Ufer gelegenen Park genießen bis zu 30 000 Folkfans drei Nächte und zwei Tage lang nonstop Musik und gute Stimmung. ✆ *Jericho Beach Park • Mitte Juli • 604 602 9798*

10 **Vancouver International Comedy Festival**
Das Festival bietet Stand-up-, Sketch- und Impro-Comedy, Burlesque und kostenloses Straßentheater von kanadischen und internationalen Comedians. ✆ *Mitte Okt • 604 685 0881*

Top 10 Ensembles & Orchester

1 **Firehall Arts Centre**
Die Multikulti-Shows sind unterhaltsam *(siehe S. 43)*.

2 **Ballet BC**
Das Ensemble bietet erstklassiges Ballett unter mutiger Leitung. ✆ *604 280 3311*

3 **The Playhouse Theatre Company**
Die modernen und klassischen Stücke stammen zum Teil aus Kanada. ✆ *604 873 3311*

4 **Vancouver Opera Company**
Die traditionellen und zeitgenössischen Stücke sind Großproduktionen mit hinreißenden Sängern aus dem In- und Ausland. ✆ *604 683 0222*

5 **Vancouver Symphony Orchestra**
Das gefeierte Orchester tritt häufig mit internationalen Gaststars auf. ✆ *604 280 3311*

6 **Early Music Vancouver**
Die Konzerte präsentieren mittelalterliche bis spätromantische Werke. ✆ *604 732 1610*

7 **Arts Club Theatre Company**
Granville Island Stage und Stanley Theatre bieten modernes Drama. ✆ *604 280 3311*

8 **Vancouver TheatreSports League**
In Granville Islands Improv Centre sind tolle Impro-Comedy und Parodien zu sehen *(siehe S. 43)*.

9 **Kokoro Dance Company**
Butoh ist eine Tanztheaterform, die nach dem Zweiten Weltkrieg in Japan entstand. ✆ *604 662 7441*

10 **Hoarse Raven Theatre**
Die Komödie *Tony n' Tina's Wedding* ist ein Spaßgarant. ✆ *604 258 4079*

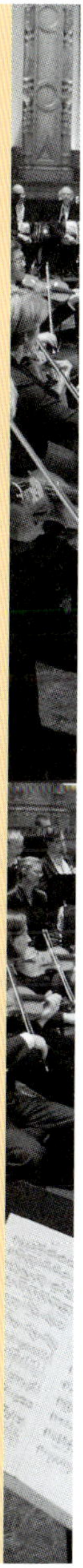

Weitere Events in Vancouver **www.vancouver-bc.com/events**

Links **Science World** Rechts **Seeotter, Vancouver Aquarium**

Top 10 Attraktionen für Kinder

1 Science World

Die interaktiven Exponate machen Wissenschaft für Kinder begreifbar. Das Museum richtet auch Geburtstagspartys aus und bietet Imbissmöglichkeiten mit gesunder Kost. Es ist für Regentage eine großartige Option *(siehe S. 22f)*.

2 Stanley Park

Die Minibahn im Stanley Park fährt eine 15-minütige Tour durch den Wald. Im Children's Farmyard können Kinder Ziegen, Schweine, Schafe und andere Tiere aus der Nähe sehen. Der Wasserpark nahe dem Lumberman's Arch bietet Badespaß.

Stanley Park • Karte G1 • 604 873 7000 • ganzjährig, variierende Öffnungszeiten • Eintritt • www.vancouver.ca/parks

Miniature Railway, Stanley Park

3 Capilano Suspension Bridge

Nach Überqueren der schwankenden Hängebrücke gelangen Besucher auf den Plankenwegen von Treetops Adventure zu den Baumwipfeln hinauf *(siehe S. 14f)*.

4 OMNIMAX® Theatre

Die Filme auf der fünf Stockwerke hohen Leinwand des Kinos in Science World versetzen Kinder direkt in das Geschehen hinein *(siehe S. 22)*.

5 Vancouver Aquarium

In den naturgetreu gestalteten Habitaten des größten Aquariums Kanadas leben Aale, Tintenfische, Tropenfische und andere Meerestiere. Das Personal beantwortet gerne Fragen. Wer will, kann bei den Belugas übernachten *(siehe S. 10f)*.

6 Granville Island Water Park

Der große Wasserpark bietet im Sommer Erfrischung und Spaß. Kinder können mit Wasserkanonen schießen und zwei Rutschen hinabsausen. Umkleiden befinden sich im angrenzenden False Creek Community Centre. In der Nähe des Parks gibt es einen Spielplatz. *1318 Cartwright St • Karte H5–H6 • 604 257 8195 • nur im Sommer (Öffnungszeiten sind der Website zu entnehmen) • frei • www.falsecreekcc.ca*

Capilano Suspension Bridge

Das Programm des OMNIMAX® Theatre reicht von Tierdokumentationen über Zeichentrickfilme bis zu Hollywood-Blockbustern.

Skyride, Grouse Mountain

7 Grouse Mountain

Am Grouse Mountain kann man Snowboard und Ski fahren, wandern, Zipline fahren, Gleitschirm fliegen sowie Ökotouren und Skyride-Fahrten unternehmen. Im Refuge for Endangered Wildlife leben Grizzlybären, Wölfe und Falken. Es gibt auch eine Holzfällershow *(siehe S. 86)*.

8 H. R. MacMillan Space Centre

Besucher des Zentrums können Mondgestein berühren, sich in einen Alien verwandeln, in einem Raketensimulator Weltraumflair erleben und Laser- und Sternenshows bewundern *(siehe S. 78)*.

9 Playland & the Pacific National Exhibition

Playland bietet eine hölzerne Achterbahn und andere Fahrgeschäfte, eine Kletterwand, Minigolf und Zuckerwatte. Bei der Pacific National Exhibition von Mitte August bis September locken Tiere und Stockcar-Rennen.

2901 E Hastings St • Karte B2 • 604 253 2311 • Juni–Sep: tägl; Apr & Mai: Sa & So, variierende Öffnungszeiten • Eintritt • www.pne.ca

10 Maplewood Farm

Die Farm begeistert Kinder mit Ponyreiten, Schafescheren, Kühemelken, Tierestreicheln, Picknickbereich, Treibhaus und Volière. *405 Seymour River Pl, N Vancouver • Karte C1 • 604 929 5610*

Top 10 Restaurants für Familien

1 Old Spaghetti Factory
In dem Lagerhaus voller Erinnerungsstücke gibt es Pasta und mehr. *53 Water St • 604 684 1288*

2 White Spot
Neben Burgern und Pirate Packs wird auch Gesundes serviert. *580 W Georgia St • 604 662 3066*

3 Sophie's Cosmic Café
In witzigem 1950er-Jahre-Diner-Dekor gibt es reichlich Hausmannskost. *2095 W 4th Ave • 604 732 6810*

4 Sha Lin Noodle House
Die Nudeln sind preiswert und lecker. *548 W Broadway • 604 873 1818*

5 Café Deux Soleil
Das Café für Vegetarier verfügt über einen Spielbereich für Kleinkinder. *2096 Commercial Dr • 604 254 1195*

6 Cat's Social House
Das schnörkellose Mittagslokal liegt nahe dem Granville Islands Kids Market. *1540 Old Bridge St • 604 647 2287*

7 Little Nest
Die köstliche gesunde Küche spricht Kinder und Erwachsene an. *1716 Charles St • 604 251 9994*

8 Earl's
Von der Pizza zum Gourmetgericht gibt es hier Essen für jeden Geschmack. *1185 Robson St • 604 669 0020*

9 Boathouse
Zu den Westküstengerichten kann man die fantastische Aussicht genießen. *1795 Beach Ave • 604 669 2225*

10 Topanga Café
Hier kocht man kalifornisch-mexikanisch. Die Speisekarte ist zugleich Malbuch. *2904 W 4th Ave • 604 733 3713*

Einige der Restaurants für Familien betreiben mehrere Filialen – Adressen finden Sie im Telefonbuch.

Links **Seawall, English Bay** Rechts **Snowboarder, Cypress Provincial Park**

Top 10 Ausflüge

1 English Bay

In der wunderschönen Bucht im West End stürzen sich am Neujahrstag beim Eisbärschwimmen Tausende Wagemutige in die eiskalten Fluten. Weitaus mehr Menschen lockt jedoch der Uferdamm, der an der Bucht entlang in den Stanley Park führt. Mit Eiscreme und Kaffee aus den Cafés der nahen Davie und Denman Street gestärkt, kann man hier herrlich spazieren gehen *(siehe S. 8)*.

2 Lighthouse Park

Vom Parkplatz oder der Bushaltestelle aus führt ein leichter Spazierweg durch den 500 Jahre alten Wald von West Vancouver zum felsigen Ufer und dem Point Atkinson Lighthouse von 1912. Als Energiequelle für den Leuchtturm wurde Holz aus dem Primärwald genutzt. Der Naturpark lässt sich auf einem Wegenetz von insgesamt 9,5 Kilometern erkunden *(siehe S. 88)*.

Leuchtturm, Lighthouse Park

3 Jericho Beach

Nach einem Tag am und im Wasser kann man sich dank der Außenduschen und Umkleidekabinen des familienfreundlichen Parks wieder stadtfein machen. Windsurfer genießen die Pazifikbrisen – es gibt Kurse und man kann Boards mieten. *Karte A1 • Windsure Windsurfing: 604 224 0615*

4 Cypress Provincial Park

Am Cypress Mountain, einem der vielen Berge im Park, liegt das größte Skigebiet des North Shore. Im Sommer lädt der Park u. a. zum Mountainbiken, Wandern und Zelten in rauer Wildnis ein. *Karte A1 • 604 926 5612*

5 Grouse Mountain

In der Seilbahn zum Gipfel kann man den Blick auf die Stadt und die Umgebung genießen. Dank der Schneekanonen ist am Grouse Mountain im Winter Skispaß garantiert. Im Sommer locken Wanderungen und viele andere Aktivitäten *(siehe S. 86)*.

6 Kitsilano Beach & Park

Vom »Kits« Park führt ein von Bäumen gesäumter Weg zum Strand, an dem sich Beachvolleyballer und Sonnenhungrige tummeln. Am Strand liegt der riesige beheizte Kitsilano Pool. *Karte B2 • Kitsilano Pool: 604 731 8626*

Kitsilano Beach

Der Weg am Meer von Jericho Beach bis hinter Granville Island führt auch durch Kitsilano Park & Vanier Park **siehe S. 78**

7 Wreck Beach

Wreck Beach ist über einen Weg vom SW Marine Drive am UBC-Campus *(siehe S. 85)* erreichbar – der Rückweg bergauf ist ein wenig anstrengend. An dem Strand ist FKK erlaubt, allerdings gibt es einige Spanner. Der Blick über die Strait of Georgia nach Vancouver Island ist großartig *(siehe S. 53)*.

8 Mount Seymour Provincial Park

Bei einer Fahrt auf den Mount Seymour sieht man Rotwild und Bären und genießt die Aussicht auf Deep Cove und Indian Arm. Der Park am Ostrand der Coast Mountains umfasst Mount Seymour, Mount Elsay und Mount Bishop. Er ist im Winter bei Skifahrern und Snowboardern aller Leistungsstufen beliebt. Im Sommer lockt er viele Wanderer an.
Karte C1 • 604 986 2261

9 Beacon Hill Park

Der 1858 eröffnete Park gilt als der schönste Victorias. Besucher bezaubern die Holzbrücken über den Fluss, der Streichelzoo und der englische Rosengarten sowie der sich stellenweise eröffnende schöne Blick auf die Strait of Juan de Fuca. In dem 25 Hektar großen Gelände kann man spazieren gehen, Vögel beobachten, reiten und am Strand picknicken *(siehe S. 96)*.

10 Cathedral Grove

Die Bucht im MacMillan Provincial Park auf Vancouver Island bietet atemberaubenden Blick auf den Urwald an der Küste. Man sieht riesige, uralte Douglasien, Hemlock-Tannen und Rotzedern. Zu beiden Seiten des Highway 4 beginnen Rundwege. In der Nähe liegt der malerische Cameron Lake. *Karte C4*

Top 10 Outdoor-Sport

1 Radfahren

Auf dem Uferdamm im Stanley Park *(siehe S. 8)* ist ein Radweg ausgewiesen. *Spokes Bicycle Rentals, 1798 W Georgia St • 604 688 5141*

2 Segeln

Segeln kann man in der English Bay und in Vancouvers Vorhafen. *Simplicity Sailing Charters • 604 765 0074*

3 Felsklettern

Squamish ist mit über 1000 Routen bei Kletterern beliebt *(siehe S. 89)*.

4 Skifahren & Snowboarden

Whistler-Blackcomb zählt zu den Top-Skigebieten in Nordamerika *(siehe S. 28–31)*.

5 Wandern

Der reizvolle Weg auf den Grouse Mountain ist etwa drei Kilometer lang *(siehe S. 86)*.

6 Kanu- & Kajakfahren

Fahrten vor Vancouver und Gulf Island erfordern etwas Übung. *Lotus Land Tours • 604 684 4922*

7 Golf

Die Golden Ears Mountains sind die Kulisse für einen Turniergolfplatz. *Newlands Golf & Country Club, 21025 48th Ave, Langley • 604 533 3288*

8 Inlineskaten

Der Uferdamm im Stanley Park ist für Skater ideal *(siehe S. 8)*. *Bayshore Rentals, 745 Denman St • 604 688 2453*

9 Schneeschuhwandern

Nach wenigen Minuten Übung kann man unberührte Wildnis erkunden. *Cypress Mountain • 604 926 5612*

10 Wale beobachten

Mit Pullover, Regenjacke und Fernglas ausgerüstet beobachtet man Orcas *(siehe S. 109)*.

Wreck Beach ist ein unbewachter Strand.

Links **AuBAR Nightclub** Rechts **Fabric**

TOP 10 Bars & Clubs

1 AuBAR Nightclub

Die smarte Einrichtung und die von Kerzen beleuchteten Tische in den Sitzbereichen sorgen für eine elegante Atmosphäre. Die Tanzfläche besitzt mit sieben Meter hohen Wänden ein offenes Ambiente. Freitags legen DJs Hip-Hop und R & B auf, samstags läuft Musik aus den Charts. Die bequemen Sessel der Lounge bieten Entspannung. Betuchte Gäste genießen Courvoisier und Hennessey, auch fruchtige Martinis mit Karamell, Apfel oder Maracuja sowie Starburst Martini sind beliebt. In dem Club gilt Sehen und Gesehenwerden, zuweilen zählen Hollywoodstars zu den Gästen. Der Dresscode ist streng *(siehe S. 74)*.

Schild des ginger 62

2 ginger 62

Die selbst ernannte »Cocktailhöhle und -küche« erwacht ab 20 Uhr zum Leben. Die Einrichtung der Bar mit Lounge ,Tanzfläche und dem gemütlichen Red Room verbindet 1960er-Jahre-Stil mit Asiatika-Elementen. Es wird Live-Musik gespielt, DJs legen Hip-Hop, R & B, Club-Tracks und House auf. Die Küche serviert asiatisch inspirierte Tapas. Für Tische im Red Room ist Reservierung erforderlich. Das elegante Publikum genießt Martinis und Cocktails wie »Ginger Not Marianne« oder »Frank & Dean« *(siehe S. 74)*.

3 Fabric

Der legere Club in Gastown bietet gut 500 Gästen Platz. Von der Lounge gelangt man durch rote Ziegelbogen in verschiedene Bereiche wie zu einer Stehbar und einem Raum mit schwarzen Ledersofas. Im Fabric werden Hip-Hop, Funk und Musik aus den Charts gespielt. Am Sonic Saturday legen DJs auf, sonntags herrschen Alternative und Electronic vor *(siehe S. 64)*.

4 Venue

Der im Zentrum des Clubareals um die Granville Street gelegene, 1115 Quadratmeter große Club mit einer Einrichtung im Glam-Rock-Stil erstreckt sich über zwei Ebenen. An Werktagen finden Live-Darbietungen statt, am Wochenende spielen DJs Pop, Rock, Retro und harten Electro-Sound *(siehe S. 82)*.

5 Commodore Ballroom

Der 1926 eröffnete Club hat schon zahllose Musikstile erlebt. Er lockt mit großartiger Live-Musik, einem beim Tanzen federnden Schwingboden und Partyspaß an den großen Tischen neben der Tanzfläche. Im Commodore Ballroom wir stets aktuelle Musik gespielt. Der Club ist der jung gebliebene Urgroßvater aller Nachtlokale in Vancouver *(siehe S. 74)*.

Bis 3 Uhr morgens verkehren zwölf NightBus-Linien im 30-Minuten-Takt: TransLink, 604 953 3333, **www.translink.ca**

6 Five Sixty

Der Nachfolger des legendären Richard's on Richards nimmt vier Etagen ein. Der riesige Club zieht ein bunt gemischtes Publikum an. Die einzelnen Lounges, Galerien und Bars sind mit kanadischen und internationalen Kunstwerken ausgestattet. An Werktagen wird Live-Musik gespielt, am Wochenende legen DJs auf. *560 Seymour St • Karte K4 • 604 678 6322*

7 Caprice Nightclub & Lounge

Die Tanzfläche des legeren Kellerclubs bietet 400 Gästen Platz. DJs legen an abwechselnden Abenden Klassiker und R & B sowie Musik aus den Charts auf. Die Lounge mit separatem Eingang und offenem Kamin ist sehr gemütlich *(siehe S. 74)*.

8 The Roxy

Der Club ist seit Langem in Vancouver etabliert. Er wird oft von Spielern der Vancouver Canucks besucht. Im Roxy treten bekannte kanadische und regionale Bands auf. Da sich nach 21 Uhr eine lange Warteschlange bildet, empfiehlt sich frühzeitiges Erscheinen *(siehe S. 74)*.

The Irish Heather

9 The Irish Heather

Das legere, einladende Pub serviert gute Kneipenkost. An der Rückseite des Gebäudes befindet sich das Shebeen, das etwa 100 Whiskeysorten führt – von Single Malt über Bourbon bis Rye und Scotch *(siehe S. 64)*.

10 Celebrities

Der etablierte Club befindet sich im Zentrum von Davie Village. Das offiziell als homosexuelle Bar fungierende Celebrities ist auch bei Heterosexuellen sehr beliebt und bietet eine großartige Atmosphäre. Die über die Woche variierenden Musikrichtungen beinhalten Hip-Hop, R&B, Funk, Rock, Retro und House. *1022 Davie St • Karte J4 • 604 681 6180*

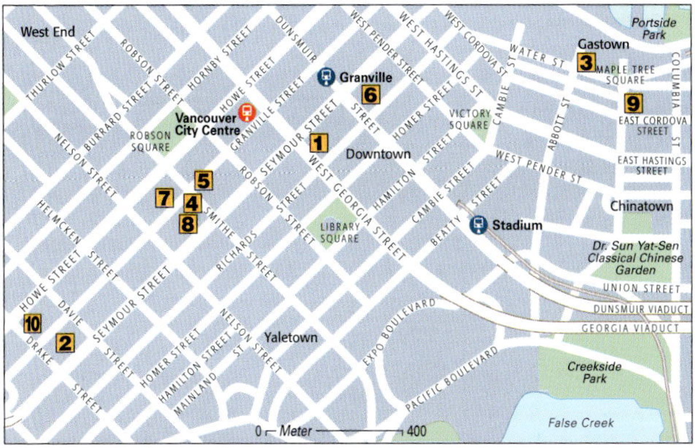

Eintrittskarten erhält man am Eingang der Clubs oder in Ticketmaster-Filialen, Tel. 604 280 4444 **www.ticketmaster.ca**

Links **Tische im Freien, Fountainhead Pub** Rechts **Schild des Little Sister's**

Top 10 Schwul-lesbisches Vancouver

1 Davie Village

Das Davie Village mit den purpurroten Bushäuschen und Abfalleimern ist das Schwulenviertel Vancouvers. Es erstreckt sich im West End zwischen Burrard und Jervis Street. Cafés, Läden, Clubs, Bars und Restaurants aller Preiskategorien sorgen rund um die Uhr für Unterhaltung. Qmunity (1170 Bute Street) bietet Sozial- und Gesundheitsdienste. *Karte H4*

Fahnen im Davie Village

2 Fountainhead Pub

Das Fountainhead Pub ist ein hervorragender erster Anlaufpunkt in Davie Village. Die Auswahl an Lagerbieren und Speisen ist exzellent. Auf den Fernsehern laufen Sportübertragungen. Von der Terrasse aus lassen sich die Passanten beobachten. *1025 Davie St • Karte J4 • 604 687 2222*

3 Little Sister's Book & Art Emporium

Die Buchhandlung ist ein renommierter Treffpunkt der homosexuellen Szene Vancouvers: Im Kampf gegen die Zensur setzte sich Little Sister's mit dem kanadischen Zoll vor dem obersten Gerichtshof auseinander. Neben Literatur verkauft der Laden Tickets, Geschenkartikel, Kleidung und DVDs. *1238 Davie St • Karte H3 • 604 669 1753*

4 Lick

Das Lick bezeichnet sich selbst als den einzigen »nur von Frauen betriebenen homosexuellen Undergroundclub« Vancouvers. Rund um den Club mit der großartigen Musikanlage liegen drei weitere schwulenfreundliche Bars. *455 Abbott St • Karte L4 • 604 685 7777*

5 Sunset Beach

Der im Sommer mit Pride Flags geschmückte Sunset Beach an der English Bay lädt dazu ein, sich mit einem Kaffee auf einer Parkbank niederzulassen und zu entspannen. Von den Bars und Restaurants, die den Sandstrand säumen, kann man die Aussicht genießen. Der Sunset Beach bietet auch fantastische Möglichkeiten zum Schwimmen oder Sonnenbaden *(siehe S. 48)*.

Sunset Beach

Qmunity bietet u. a. Beratungen, eine Bibliothek und Programme für Schwule und Lesben: 604 684 5307, **www.qmunity.ca**

Celebrities

6 Celebrities

Der Club bietet grandiosen Sound, eine exzellente Lightshow und Vancouvers beste DJs. Das Publikum ist homo, hetero, bi oder unentschlossen. ✆ *1022 Davie St • Karte J4 • 604 681 6180*

7 Delaney's Coffee House

Das Café zum Sehen und Gesehenwerden besitzt eine schöne Terrasse. ✆ *1105 Denman St • Karte G2 • 604 662 3344*

8 Wreck Beach

Der unterhalb der Klippen von Point Grey gelegene Wreck Beach ist ein beliebter Nacktbadestrand. Er ist nur über steile Pfade durch den Regenwald zu erreichen. Straßenhändler verkaufen u. a. Piña Coladas und Sonnenöl. ✆ *Karte A1*

9 Delilah's

Die Speisekarte des opulenten Bar-Restaurants führt europäische Gerichte. Die Auswahl an Martinis ist schlichtweg unwiderstehlich. ✆ *1789 Comox St • Karte H2 • 604 687 3424*

10 Odyssey Nightclub

Der seit Langem bestehende Club hat nichts von seiner jugendlichen Energie verloren. Das täglich wechselnde Programm reicht von Dragqueens über Go-go-Tänzer bis hin zu Stripshows. Das Odyssey verfügt über die einzige »private Gartenbar« in Vancouver. Diese ist verschwiegen, gemütlich und bei Schwulen und Heteros im Sommer gleichermaßen beliebt. ✆ *1251 Howe St • Karte J4 • 604 689 5256*

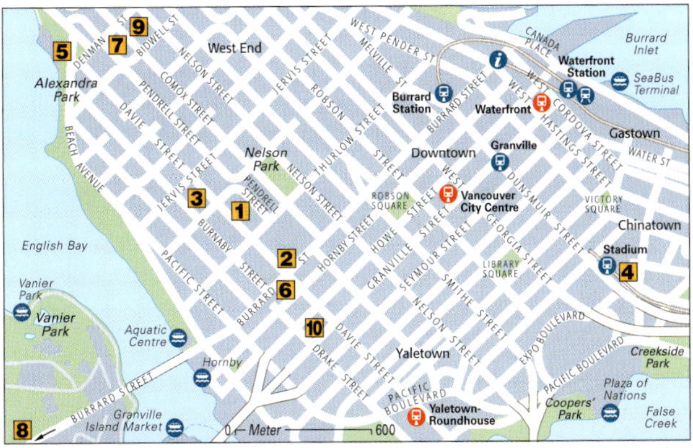

Im West End ist man Homosexuellen gegenüber sehr freundlich, im Stanley Park sollte man nachts jedoch vorsichtig sein.

Links **Mode in der Robson Street** Rechts **Italienische Stiefel bei Bionic Footwear, South Granville**

Top 10 Shopping

1 Robson Street

Wo sich die elegante Robson und die Burrard Street kreuzen, laden der Virgin Megastore und Roots Canada *(siehe S. 72)* zum Shoppen ein. Bummeln Sie auf der Robson Street durch die internationalen Mode-, Schuh-, Accessoires- und Einrichtungsläden und die Filiale der kanadischen Modekette Aritzia. Lush führt Bade- und Körperpflegeprodukte. Viele Restaurants bieten sich für eine Pause an *(siehe S. 69)*.

2 Granville Island

Auf dem Public Market der Insel gibt es Lebensmittel, aber auch Silberschmuck und Hüte *(siehe S. 80)*. Im Net Loft, wo früher die Fischernetze geflickt wurden, findet man so ausgefallene Dinge wie handgeschöpftes Papier und handgefärbte Kleidung, im Kids Market Waren und Unterhaltung für Kinder *(siehe S. 20f)*.

3 Gastown

In Gastowns alten Häusern befinden sich Galerien mit Kunst der First Nations, Fachgeschäfte für Knöpfe, Cowboystiefel oder Designermode und viele andere Läden. In der Water Street und deren Seitenstraßen verkaufen Läden klassische und kitschige kanadische Souvenirs *(siehe S. 61)*.

4 South Granville

Den Abschnitt der Granville Street zwischen 2nd und 16th Avenue säumen mindestens ein Dutzend Kunstgalerien und viele Dessousläden. In dem elegantlegeren Viertel dominieren Markennamen und europäische Modehäuser wie Bacci, Boboli *(siehe S. 81)* und MaxMara. Bionic Footwear und Freedman Shoes führen gute bezahlbare Schuhe. ✎ *Karte H6*

5 Sinclair Centre

Das elegante Shopping-Center nimmt drei Stockwerke in vier denkmalgeschützten Häusern ein. Auf den zwei oberen Etagen werden Luxusaccessoires und Kleidung von Versace, Armani, Prada und DKNY angeboten, im Erdgeschoss werden vor allem Lebensmittel verkauft. ✎ *757 W Hastings St • Karte L3*

Glaswaren, Granville Island

6 Chinatown

Eine Zeitlang kämpfte Vancouvers ältestes und größtes asiatisches Shopping-Viertel angesichts der Konkurrenz durch die Asia-Supermärkte von Richmond um seine Existenz. Heute bevölkern die Straßen wieder zahllose Schnäppchenjäger. In den Läden werden Gewürze und Arzneien, exotische Delikatessen, frischer Fisch und Gemüse, Lederwaren und Souvenirs verkauft *(siehe S. 62)*.

Bei Shopabout Tours führen gut informierte Einheimische zu den besten Läden der Stadt: 604 375 1228, **www.shopabout.ca**

7 Metrotown

Metropolis in Metrotown ist das größte Shopping-Center in British Columbia. Es lockt täglich Tausende Shopping-Begeisterte an. Zu den 470 Läden gehören auch Filialen der Kaufhausketten The Bay und Sears *(siehe S. 112)*. 17 Kinos und drei Spielhallen sorgen für Unterhaltung und führen auch Besucher, die nicht einkaufen möchten, ins Metropolis.

4720 Kingsway, Burnaby • Karte C2 • 604 438 4700

8 Pacific Centre

Das jenseits der Granville Street im Zentrum von Downtown gelegene Shopping-Center beherbergt 150 Läden und Dienstleister. Im Erdgeschoss liegen Filialen der Kaufhäuser The Bay und Sears *(siehe S. 112)* und viele andere interessante Läden. Die Boutiquen und Fachgeschäfte im Untergeschoss verkaufen Mode, Schmuck und Sportbekleidung. Auch exklusive Läden wie Holt Renfrew sind hier zu finden *(siehe S. 70)*.

9 Broadway

Die Hauptverkehrsader zwischen Main und Alma Street weist die mit Abstand größte Ladendichte auf. Im Mountain Equipment Co-op am Ostende lohnt die exzellente Sportbekleidung auf jeden Fall den erforderlichen kleinen Mitgliedsbeitrag. Westlich davon finden sich vor allem in Granville, Arbutus und Macdonald Street (Vancouvers griechisches Viertel) viele Boutiquen, Buchhandlungen und Bioläden.

Karte A1–B1

Mode am Commercial Drive

10 Commercial Drive

Bei den Einheimischen heißt er nur »The Drive«. Er ist funky und flippig und gilt als der Inbegriff von hip und leger. Was früher Vancouvers Little Italy war, ist heute ein multikultureller Mix mit Buch- und Zeitschriftenläden, Vintage-Modeboutiquen und Secondhandshops. Fangen Sie an der Ecke Commercial Drive/East Broadway an und bummeln Sie nach Norden zur Venables Street. *Karte B2*

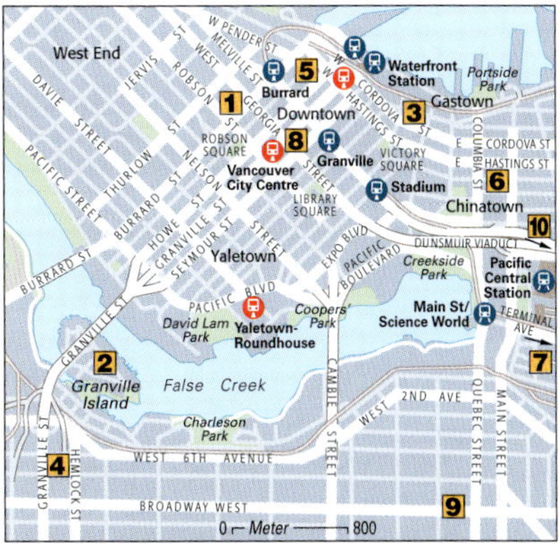

Metropolis in Metrotown bietet über 4000 kostenlose Parkplätze, ist aber auch mit dem SkyTrain (Station Metrotown) erreichbar.

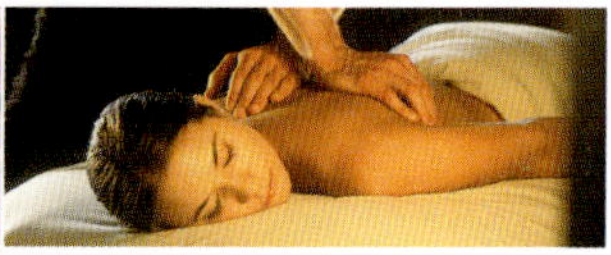

Links **Vida** Rechts **Massage im Grotto Spa**

TOP 10 Spas

1 Willow Stream Spa

Die von dem Spa angebotene Spezialbehandlung »Island Senses for Healthy Energy« beinhaltet ein Kiefernbad und eine Massage mit Lavendelöl. Das Spa ist ebenso romantisch wie das Hotel, zu dem es gehört. *Fairmont Empress Hotel, 721 Government St, Victoria • Karte P4 • 250 384 8111*

2 Vida

Ayurveda-Spezialisten bestimmen zunächst mit 5000 Jahre alten ganzheitlichen Methoden die Verteilung der *Dosha*-Energien im Körper ihrer Kunden. Anschließend werden die *doshas* z. B. durch Bürsten, Dampfbäder und Massagen mit ätherischen Ölen ins Gleichgewicht gebracht. *Fairmont Chateau Whistler • Karte F1 • 604 938 2086*

Wertvolle Öle

3 Spa im Wedgewood

Das Hotel-Spa bietet u. a. die Antistressbehandlung Chai Soy mit entspannenden Kopfhaut- und Fußmassagen. Besonders beliebt ist die straffende Zimt-Gesichtsmaske. *845 Hornby St • Karte K3 • 604 689 7777*

4 Grotto Spa

Die größte Wellnessanlage in British Columbia bietet Blick auf den Strand. Zu den zahlreichen Anwendungen zählen auch Paarmassagen. Das umfassende Paket mit Massagen, Gesichts- und anderen Behandlungen beinhaltet Anwendungen mit Seetang. *Tigh-Na-Mara Seaside Spa Resort, 1155 Resort Dr, Parksville • Karte C4 • 250 248 1838*

5 Absolute Spa im Century

In dem Spa kann man bei Fangopackungen, speziellen Gesichtsbehandlungen und Milchbädern im Stile Kleopatras perfekt entspannen. Zur Behandlung von Händen, Füßen und des ganzen Körpers werden auch Bio-Grapefruits eingesetzt. *Century Plaza Hotel, 1015 Burrard St • Karte J4 • 604 687 0575*

6 Spa Utopia

Die Gesichtsbehandlung mit heißen Steinen nach japanischer Methode belebt die Sinne, Ganzkörperbehandlungen mit Beerenwickeln sorgen für Wohlgefühl. *1001–999 Canada Place • Karte K2 • 604 641 1351*

7 silk road spa

Das orientalisch inspirierte Spa setzt auf Tee und Entspannung. Bei einigen Behandlungen wird grüner Tee wegen seiner Antioxidantien eingesetzt, andere basieren auf Aromatherapie. Die Produkte werden frisch zubereitet. *1624 Government St, Victoria • Karte P1 • 250 704 2688*

BC erfordert von zugelassenen Masseuren (RMT) den höchsten Standard in Kanada – die Urkunden sollten aushängen.

Spa im Four Seasons Resort Whistler

8 Spa im Four Seasons Resort Whistler

Die Eukalyptusdampfbäder des eleganten Spas bieten Entspannung. Die Gletscherlehmumschlage enthalten Meerschlamm und Blasentang. *4591 Blackcomb Way, Whistler • Karte F1 • 604 935 3400*

9 skoah

Spezialität des luxuriösen Spas sind Hautbehandlungen. Die Facilicious-Anwendung ist besonders beliebt. Die Pflanzenextrakte mischt ein Hausapotheker. *1011 Hamilton St • Karte J5 • 604 642 0200*

10 Avello Spa & Health Club

Das elegante Spa bietet vor allem Stein- und Hydrotherapien. Wasserstrahlen entgiften, heiße Steine entspannen den Körper. *Westin Resort, 4090 Whistler Way, Whistler • Karte F1 • 604 935 3444*

Avello Spa & Health Club

Top 10 Anwendungen

1 Warmsteinmassage
Lavasteine aus der Region werden erwärmt und auf den Körper gelegt. Das reduziert Stress und bringt Energie.

2 Seetangumschläge
Lehmumschläge mit Blasentang versorgen den Körper mit Mineralien. Mit heißen Handtüchern abgerieben ist die Haut danach ganz zart.

3 Gesichtsmasken mit Pflanzenextrakten
Gurken oder andere Pflanzen werden etwa mit Gingko- oder Johanniskrautextrakt zu Cremes verarbeitet, die die Haut strahlen lassen.

4 Paarmassage
Bei der gemeinsamen Behandlung durch zwei Masseure können Paare entspannen.

5 Luffa-Körperpeeling
Zerriebene Luffaschwämme fördern, mit ätherischen Ölen vermischt und einmassiert, die Durchblutung.

6 Ayurveda-Dampfkabine
Der aromatisierte Dampf in der Zedernkabine wirkt entgiftend.

7 Aromatherapie
Aromatische Öle, häufig Lavendel oder Kiefer, werden gemäß ihrer Wirkung auf Psyche und Körper gemischt.

8 Bräunungssprays
Feuchtigkeitsspendende, pflegende Produkte sorgen für gleichmäßige Bräune.

9 Therapeutische Massage
Kräftiger Druck und sanfte Phasen verleihen Energie.

10 Grapefruit-Behandlung
Die Bio-Ölmassage stärkt, tonisiert und entgiftet die Haut und spendet Feuchtigkeit.

Folgende Doppelseite
Eingang des Marine Heritage Building in Vancouver

355

STADTTEILE

Links **Waterfront Station** Rechts **Laden in Chinatown**

Hafenviertel, Gastown & Chinatown

DER HAFEN IST DAS HERZ VANCOUVERS. *Er ist gemessen an Fläche und Umschlag hinter New York der größte Nordamerikas und seit der Eröffnung des Terminals am Canada Place Mitte der 1980er Jahre einer der wichtigsten Kreuzfahrthäfen der Welt. Einen Block entfernt verbergen denkmalgeschützte Gebäude aus der Blütezeit des frühen 20. Jahrhunderts Gastowns Ursprung als raue Sägewerksiedlung. Das alte Lagerhaus The Landing an der Waterfront Station wurde als eines der ersten renoviert. In der West Cordova Street beginnt Chinatown. In Nordamerika gibt es nur in San Francisco ein größeres chinesisches Viertel. In dem einstigen Sumpfgebiet leben heute über 35 000 Menschen asiatischer Herkunft. Wachstum und Wohlstand waren jedoch nicht selbstverständlich: Weil Saisonarbeiter den Zustrom von Chinesen als Bedrohung empfanden, wurde 1885 die Einwanderungspolitik verschärft. Nun locken Restaurants und Läden viele Besucher nach Chinatown.*

Gassy-Jack-Statue, Gastown

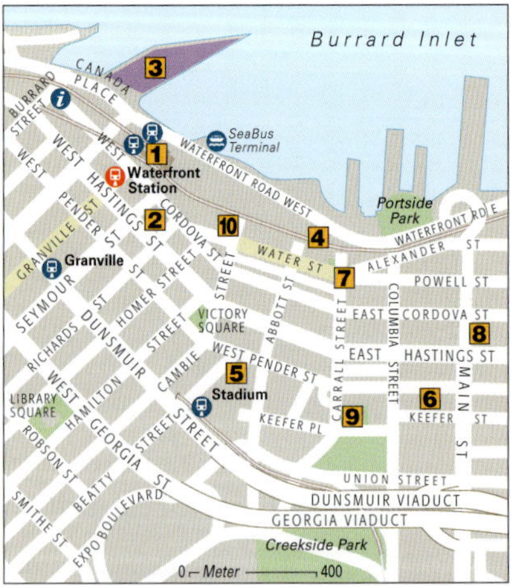

TOP 10 Attraktionen

1. Waterfront Station
2. The Lookout!
3. Canada Place
4. Gastown
5. Sun Tower
6. Chinatown
7. Maple Tree Square
8. Vancouver Police Museum
9. Dr. Sun Yat-Sen Classical Chinese Garden
10. Steam Clock

Eintrittskarten für The Lookout! gelten den ganzen Tag. Sie können die Aussicht also getrost mehrmals genießen.

Fünf Segel, Canada Place

1 Waterfront Station

Der Bahnhof ist ein Verkehrsknotenpunkt, seitdem hier 1887 der erste transkanadische Passagierzug ankam. Damals war der Bahnhof ein Holzbau. Das heutige Gebäude stammt von 1914 und beeindruckt mit der mit weißen Säulen versehenen Fassade vor der Kulisse des Hafens. Die Innenwände zieren Gemälde kanadischer Landschaften.

601 W Cordova St • Karte L3

2 The Lookout!

Publikumsmagnet des Harbour Centre ist der 177 Meter hohe Turm mit der Aussichtsplattform The Lookout!. Die Fahrt mit dem gläsernen Aufzug dauert 50 aufregende Sekunden. Die geschlossene Aussichtsplattform bietet einen schönen Rundumblick. An klaren Tagen sieht man im Westen Vancouver Island, im Süden den Mount Baker im US-Bundesstaat Washington und abends den prächtigen Sonnenuntergang über dem Meer. *555 W Hastings St • Karte L3 • 604 689 0421 • Mai–Okt: 8.30–22.30 Uhr; Nov–Apr: 9–21.30 Uhr • Eintritt*

3 Canada Place

Als der Canada Place 1986 eröffnet wurde, war das Gebäude sehr umstritten. Für die Kritiker waren die fünf Segel eine dürftige Imitation des Opera House in Sydney. Heute zählen sie zu den Wahrzeichen des umliegenden, neu entstandenen Hafenviertels *(siehe S. 12f)*.

4 Gastown

Die gepflasterten Straßen von Gastown haben schon viele Wandlungen erfahren. Die gegenwärtige ist vermutlich die angenehmste. Seit den 1970er Jahren wird an der Aufwertung des Viertels gearbeitet. Gastown beherbergt heute anstelle von Souvenirläden Boutiquen mit Produkten einheimischer Designer, exzellente Kunstgalerien mit Arbeiten der Inuit und First Nations, Restaurants und Clubs. *Karte L3–M3*

Blick von The Lookout! über West Vancouver mit Sonnenuntergang über dem Howe Sound

Die Haltestellen von SkyTrain, Canada Line und SeaBus befinden sich in der Waterfront Station.

5 Sun Tower

Als das 17-stöckige Wahrzeichen von Vancouver 1911 erbaut wurde, war der elegante Beaux-Arts-Turm mit 82 Metern das höchste Gebäude des British Commonwealth – er löste wegen der neun nackten Statuen einen Skandal aus. 1918 sah eine riesige Menschenmenge zu, wie die »menschliche Fliege« Harry Gardiner am Gebäude hinaufkletterte. *100 West Pender St • Karte L4*

6 Chinatown

Chinatown entstand ab 1880 zwischen Pender und Keefer Street sowie Gore Avenue und Carrall Street. Damals lockte der Bau der Canadian Pacific Railway über 20 000 Chinesen nach Kanada. Die Straßen der heute zweitgrößten Chinatown Nordamerikas säumen Stände zahlloser Lebensmittelläden. Das Millennium Gate in der Pender Street Höhe Taylor Street ist der beste Ausgangspunkt für eine Tour durch das lebhafte Viertel. *Karte L4–M4*

Laterne in Chinatown

»Iron Road« von Küste zu Küste

Die große Saga der kanadischen Eisenbahn ist eine Geschichte von Macht und Leid. Premierminister John A. Macdonald löste 1886 sein Versprechen ein, eine Eisenbahn quer durch Kanada zu bauen, um die Dominion of Canada zu vereinen. Am 23. Mai 1887 erreichte der erste transkontinentale Passagierzug die Waterfront Station. Ganz Vancouver feierte, die Schiffe im Hafen waren mit Flaggen geschmückt. Die »Iron Road« war endlich fertig – doch sie hatte viele Leben, u. a. die von 600 chinesischen Arbeitern, gekostet.

Triangular Building am Maple Tree Square

7 Maple Tree Square

An dem kleinen Platz liegt der Ursprung der Stadt Vancouver. Auf einem Bierfass steht die Statue des Gründers von Gastown, John »Gassy Jack« Deighton. Der einstige Kapitän eines Dampfschiffs erbaute mithilfe durstiger Sägewerksarbeiter den ersten Saloon der Stadt. Ein beliebter Treffpunkt war ein Ahornbaum, der dem großen Brand von 1886 zum Opfer fiel. Im Gaoler's Mews befanden sich das erste Gefängnis der Stadt und der Wohnsitz des ersten Polizisten von Vancouver, Constable Jonathan Miller. *Ecke Water & Carrall St • Karte M3*

8 Vancouver Police Museum

Das ehemalige Leichenschauhaus beherbergt heute das Forensiklabor des Polizeimuseums. Man kann sich gut vorstellen, wie sich einst Gerichtsmediziner zur Obduktion über die Tische beugten. Im 1932 erbauten Coroner Court zeigt das Museum Falschgeld, historische Schusswaffen und andere Waffen. Die Austellung von Messern ist sehr beliebt. Ungelöste Mordfälle werden mit Puppen in historischer Kleidung dargestellt. *240 E Cordova St • Karte M4 • 604 665 3346 • Eintritt*

Mehr über Vancouvers Chinatown
www.vancouver-chinatown.com

9 Dr. Sun Yat-Sen Classical Chinese Garden

Der 1986 eröffnete Garten war der erste, der außerhalb Chinas im Stil der Ming-Dynastie angelegt wurde. Er ist wie ein typischer Privatgarten eines Gelehrten der Ming-Zeit gestaltet. Verschlungene Wege, Passagen und Höfe, asymmetrisch platzierte Felsen, blühende Ginkgo-Bäume und gewundene Kiefern laden zur Meditation über die Schönheit und den Rhythmus der Natur ein. *578 Carrall St • Karte M4 • 604 662 3207 • Eintritt*

10 Steam Clock

Die älteste Dampfuhr der Welt ist eines der meistfotografierten Wahrzeichen der Stadt. Der kanadische Uhrmacher Raymond Saunders erbaute die fünf Meter hohe Konstruktion nach einem Modell von 1875. Alle 15 Minuten beginnt die Uhr zu dampfen und zu pfeifen, zur vollen Stunde ertönt der Westminsterschlag. Die Uhr aus Bronze und Gold wurde 1977 an der Ecke Water und Cambie Street aufgestellt. *Ecke Water & Cambie St • Karte L3*

Steam Clock, Gastown

Ein Tag am Hafen, in Gas- & Chinatown

Vormittag

Genießen Sie am **Canada Place** *(siehe S. 12f)* den Blick auf den Hafen. Spazieren Sie 20 Minuten auf der Promenade und weiter nach Osten zur **Waterfront Station**, wo Sie im Inneren die Wandmalereien bewundern können. Von dort geht es zwei Blocks die Water Street hinab bis zur **Steam Clock** an der Cambie Street in Gastown.

Nach dem Architekturspaziergang laden **The Irish Heather** *(siehe S. 64)* oder **The Pourhouse** *(siehe S. 65)* zur Rast ein.

Nachmittag

Nach zehn Gehminuten Richtung Osten sehen Sie an der Ecke Water und Carrall Street am **Maple Tree Square** die Statue von Vancouvers erstem Wirt »Gassy Jack« Deighton.

Von der East Cordova führt die Carrall Street in südlicher Richtung zum **Dr. Sun Yat-Sen Classical Chinese Garden**. Verbringen Sie dort und im **Chinese Cultural Centre Museum** *(siehe S. 34)* jeweils 30 Minuten.

Über die Pender Street nach Osten erreichen Sie das Millennium Gate und **Chinatown**. Es lohnt sich, beim Shopping-Bummel nach den alten Holzhäusern Ausschau zu halten.

Beenden Sie den Tag mit kantonesischer Küche im **Floata** *(siehe S. 65)* und einem Bummel über den Chinatown Night Market (Fr–So, 18.30–23.00 Uhr). Meiden Sie die zwielichtige East Hasting Street, v. a. auf Höhe der Main Street.

Seine Redseligkeit verlieh John Deighton den Spitznamen »Gassy« (geschwätzig).

Links **The Irish Heather** Rechts **Chill Winston**

TOP 10 Bars & Clubs

1 The Irish Heather
Das Pub bietet rund 100 Single Malts und Irish Whiskeys an. Die Küche lockt mit Pub-Klassikern wie *bangers 'n' mash* (Bratwurst mit Kartoffelbrei). *217 Carrall St • Karte M4 • 604 688 9779*

2 The Post Modern Dance Bar
Die höchst moderne Disco verfügt über exzellente Light- und Soundsysteme. *7 Alexander St • Karte M4 • 604 647 0121*

3 The Blarney Stone
Das beliebte Irish Pub mit Club lockt freitags und samstags eine ausgelassene Gästeschar an. *216 Carrall St • Karte M4 • 604 687 4322*

4 Cascades Lounge
Gäste genießen mittags Cocktails und wählen aus dem Pastabüfett aus. Nach der Happy Hour werden zu Jazz von einem Pianisten oder einer Sängerin leichte, leckere Gerichte serviert. Im Sommer gibt es Tische im Freien. *Pan Pacific Hotel, 300–999 Canada Place • Karte L2 • 604 895 2480*

5 Steamworks Brewing
Zu Pizza, Pasta, Burgern und Satay schmeckt das Bier aus der hauseigenen Brauerei, etwa Ale oder Stout. *375 Water St • Karte L3 • 604 689 2739*

6 The Cambie
Die seit 1887 bestehende Bar lockt ein junges Publikum an, das die preiswerten Biere der Mikrobrauerei schätzt. *300 Cambie St • Karte M4 • 604 684 6466*

7 Shine Nightclub
DJs legen Rock, Rap, Electro, Dance Hall und Reggae auf. Montags ist beim »Ice Cream Social« Musik aus den 1950er und 1960er Jahren zu hören. *364 Water St • Karte L3 • 604 408 4321*

8 Alibi Room
In dem sich über zwei Ebenen erstreckenden Club spielen DJs Funk, Soul und Hip-Hop. In der Lounge auf der unteren Ebene sind Kunstwerke und Filme zu sehen. Es wird Fassbier aus der hauseigenen Brauerei ausgeschenkt. *157 Alexander St • Karte M3 • 604 623 338*

9 Chill Winston
Die schicke junge Bar mit legerer Atmosphäre befindet sich im Zentrum von Gastown. Im Sommer lädt die große Terrasse zum Leutebeobachten ein. *3 Alexander St • Karte M3 • 604 288 9575*

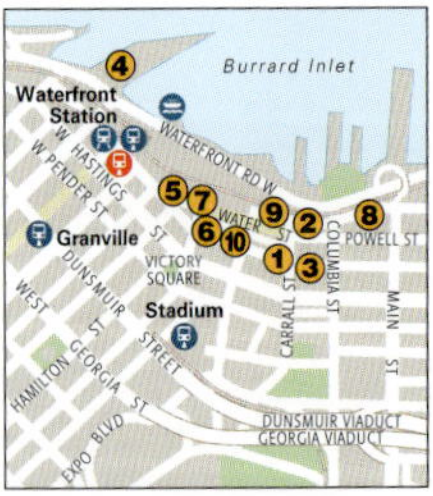

10 Fabric
Der Club sorgt mit Underground Sound, vier Bars und gelegentlichen Konzerten für Atmosphäre. *66 Water St • Karte L3 • 604 683 6695*

Wenn nicht anders angegeben, akzeptieren alle Bars, Clubs & Restaurants Kreditkarten.

The Pourhouse Bar

Preiskategorien

Preis für ein Drei-Gänge-Menü pro Person mit einer halben Flasche Wein, inkl. Steuern und Service.

$	unter 20 $
$$	20–35 $
$$$	35–60 $
$$$$	60–85 $
$$$$$	über 85 $

TOP 10 Restaurants & Cafés

1 Chambar
Moules frites sind Spezialität des äußerst beliebten belgischen Restaurants. Die Cocktailkarte sorgt für einen verheißungsvollen Beginn des Abends. *562 Beatty St • Karte L4 • 604 879 7119 • $$$$$*

2 Boneta
In der offenen Küche werden Gerichte aus regionalen Erzeugnissen zubereitet, etwa Bison-Carpaccio oder gebratener Lingcod (Lengdorsch). Die Weinkarte enthält exquisite, seltene Weine. *1 West Cordova St • Karte M4 • 604 684 1844 • $$$$$*

3 Sitar Restaurant
In entspannter Atmosphäre werden klassische nordindische Speisen wie Butterhuhn, vegetarische Gerichte und alkoholische Getränke serviert. *8 Powell St • Karte M3 • 604 687 0049 • $$$*

4 Salt Tasting Room
Das Lokal an der historischen Blood Alley bietet zu Käsespezialitäten und gepökeltem Fleisch Wein, Portwein und Sherry an. *45 Blood Alley • Karte L3 • 604 633 1912 • $$$*

5 Momo Sushi
Hervorragendes Sushi, Teriyaki, Tempura und Sashimi lassen die Gäste vor allem mittags Schlange stehen. *375 Water St • Karte L3 • 604 683 7632 • $$*

6 Wild Rice
Das gemütliche Lokal bietet moderne chinesische Küche. Die Weinauswahl ist klein, aber gut. *117 W Pender St • Karte L4 • 604 642 2882 • $$*

7 Al Porto Ristorante
Die lebendige italienische Trattoria lockt mit Pasta, Fisch, Fleisch und Pizza. Von den über 200 angebotenen Weinen stammen 80 aus British Columbia. *321 Water St • Karte L3 • 604 683 8376 • $$$*

8 The Pourhouse
Die preiswerten, innovativen Pub-Gerichte beinhalten in Espresso geschmorte Rippchen und zahlreiche Po'boy Sandwiches zur Mittagszeit. An der langen Bar kann man Drinks genießen. *162 Water St • Karte L3 • 604 568 7028 • $$$*

9 Brioche Urban Baking
Das schicke, legere Café mit 30 Plätzen ist immer gut besucht. Die rustikalen italienischen Gerichte kann man auch mitnehmen. *401 W Cordova St • Karte L3 • 604 682 4037 • kein Alkohol • $*

10 Floata Seafood Restaurant
Neben einer riesigen Auswahl an köstlichen *dim sum* bietet das Restaurant auch kantonesische Gerichte an. *180 Keefer St • Karte M4 • 604 602 0368 • $$*

Folgende Doppelseite **Downtown Vancouver bei Nacht**

Links **Shopping in der Robson Street** Rechts **Radfahrer am False Creek Seawalk**

Downtown

IN DEM AREAL zwischen dem BC Place Stadium und dem West End, das das Zentrum von Vancouvers Downtown bildet, lassen sich alle Sehenswürdigkeiten bequem zu Fuß erreichen. Ein Spaziergang offenbart die Verbindung von Historie und Moderne: An der Kreuzung von Georgia und Burrard Street umringen verglaste Bürotürme die älteste Kirche der Stadt. Auf der gegenüberliegenden Seite befindet sich das altehrwürdige Fairmont Hotel Vancouver. Downtown bietet eine angenehme Mischung aus dicht besiedelten Wohngebieten, Shopping-Meilen, Läden, Theatern, Konzersälen, Restaurants und Clubs. Das Viertel ist bis spätnachts voller Leben.

TOP 10 Attraktionen

1. Robson Street
2. Christ Church Cathedral
3. Fairmont Hotel Vancouver
4. Library Square
5. Vancouver Art Gallery
6. Pacific Centre
7. BC Sports Hall of Fame and Museum
8. Science World
9. False Creek Seawalk
10. Robson Square & Law Courts

Fenster, Christ Church Cathedral

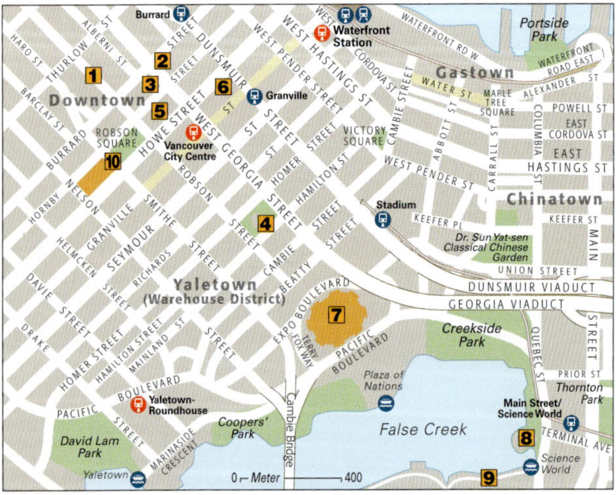

Mehr über Shopping in Vancouver **siehe S.54f**

1 Robson Street

Die Shopping-Meile lockt neben den Bewohnern des West End wohlhabende Kundschaft aus ganz Vancouver, internationale Prominenz und Urlauber an. Sie lädt zum Flanieren und Leutebeobachten ein. Die Seitenstraßen vermitteln einen Eindruck vom historischen West End, dem einst dichtbesiedelsten Gebiet Kanadas. *Karte H2–K4*

2 Christ Church Cathedral

Die 1895 geweihte Christ Church Cathedral ist ein architektonisches Juwel im Herzen der Stadt. Die neugotische Kirche diente einst den in den Hafen einlaufenden Schiffen als Orientierungspunkt. Die aus Douglasienstämmen gefertigten Deckenbalken der Kirche sind besonders eindrucksvoll. Drei der 32 Buntglasfenster schuf der britische Künstler William Morris. Sie sind in der Vorhalle des Bürotrakts zu sehen. Bei einer umfangreichen Renovierung wurde eine Orgel von Kenneth Jones eingebaut. *690 Burrard St • Karte K3 • 604 682 3848*

Vancouver Public Library, Library Square

Fairmont Hotel Vancouver

3 Fairmont Hotel Vancouver

1928 begann die Canadian National Railway mit dem Bau des berühmtesten Hotels der Stadt. 1929 wurden die Arbeiten wegen der Weltwirtschaftskrise eingestellt, nur das Stahlskelett war vollendet. 1939 wurde das Hotel mit dem steilen Kupferdach und den verspielten Wasserspeiern anlässlich des Besuchs von König George VI fertiggestellt. Besucher können in der Lounge Tee genießen und die prächtige Lobby bewundern. *900 W Georgia St • Karte K3 • 604 684 3131*

4 Library Square

Die in Teilen von dem bekannten Architekten Moshe Safdie entworfene Vancouver Public Library wurde 1995 eröffnet. Das Gebäude wurde anfangs wegen seiner Ähnlichkeit mit einem römischen Amphitheater kritisiert, ist heute aber sehr beliebt. Der Library Square, der einen ganzen Häuserblock umfasst, birgt die Bibliothek, den Federal Tower mit Regierungsbüros, Souvenirläden, ein Café und mehrere Schnellrestaurants. *Ecke Robson & Homer St • Karte K4*

Im sieben Etagen hohen Atrium des Library Square kann man wunderbar rasten und Leute beobachten.

Brunnen an der Vancouver Art Gallery

5 Vancouver Art Gallery

Das Museum befindet sich in einem 1912 von Francis Rattenbury errichteten Gerichtsgebäude. Das imposante Bauwerk verkörpert die Blützeit des British Empire. Arthur Erickson leitete den Umbau für die Eröffnung des Museums Mitte der 1980er Jahre. Die Vancouver Art Gallery besitzt die größte Sammlung von Werken Emily Carrs innerhalb Kanadas, moderne Fotokonzeptkunst bildet einen weiteren Schwerpunkt *(siehe S. 18f)*.

6 Pacific Centre

In der Shopping-Mall sind neben gehobenen Kaufhäusern wie The Bay und Sears viele kleine Läden, Restaurants und Imbissstände zu finden. Ein architektonisches Highlight sind die Springbrunnen und der drei Etagen hohe Wasserfall. *701 W Georgia St, Ecke Georgia & Howe St • Karte K3 • 604 688 7235 • Mo, Di, Sa 10–19 Uhr, Mi–Fr 10–21 Uhr, So 11–18 Uhr • www.pacificcentre.ca*

Terry Fox' Marathon of Hope

Terry Fox wurde 1958 in Winnipeg geboren und wuchs in einem Vorort von Vancouver auf. 1977 verlor er wegen Knochenkrebs das rechte Bein. Drei Jahre später begann er am Atlantik mit einer Prothese den Marathon of Hope (»Marathon der Hoffnung«), um Geld für die Krebsforschung zu sammeln. In 143 Tagen lief er 5373 Kilometer durch Kanada. Als Terry Fox 1981 an Krebs starb, hatte er für jeden der über 24 Millionen Kanadier einen Dollar gesammelt. Heute finden jedes Jahr in aller Welt Terry-Fox-Marathons statt.

7 BC Sports Hall of Fame and Museum

In 20 Abteilungen auf 1858 Quadratmetern erzählt das Museum im BC Place Stadium *(siehe S. 42)* die Sportgeschichte British Columbias ab 1860. Interaktive Exponate vermitteln faszinierende Details über Athleten wie die Skirennläuferin Nancy Greene oder den Sprinter Harry Jerome. Kinder lieben die Participation Gallery *(siehe S. 35)*.

8 Science World

Die auffällige geodätische Kuppel wurde für die Expo '86 gebaut. Sie beherbergt interaktive Präsentationen und Wechselausstellungen. Besucher können etwa mit magnetischen Flüssigkeiten spielen, tierische Felle und Knochen ertasten sowie Ausstellungen zu Energie und Bewegung, eine Laser-Show oder das OMNIMAX®-Kino besuchen *(siehe S. 22f)*.

Interaktives Exponat, Science World

Die Vancouver Art Gallery ist das größte Kunstmuseum in Westkanada.

9 False Creek Seawalk

Der False Creek *(siehe S. 79)* bedeckte früher weite Teile der Downtown, heute endet er an der Quebec Street und der dortigen Science World. Der False Creek Seawalk führt um die Bucht bis zum English Bay Seawalk östlich der Burrard Bridge. Er ist ideal zum Skaten, Radfahren und Flanieren. Am Seawalk liegen einige Anlaufstellen der False-Creek-Fähren. *Karte H6–M5*

Plexiglaskuppel, Robson Square

10 Robson Square & Law Courts

Der von Arthur Erickson entworfene Robson Square erstreckt sich auf vier Ebenen über mehrere Blöcke. An der Südseite der Robson Street steht zwischen den Bäumen neben den Wasserfällen Alan Chung Hungs rote Stahlskulptur *Spring*. Eine Ebene höher kann man am Teich der Law Courts sitzen und die Aussicht genießen. In der verglasten Great Hall steht Jack Harmans *Themis*, eine Statue der Göttin der Gerechtigkeit. *800 Block Robson St • Karte J4 • 604 660 8989*

Ein Tag in Downtown

Vormittag

Nach etwa einer Stunde im **BC Sports Hall of Fame and Museum** im **BC Place Stadium** *(siehe S. 42)* gehen Sie westwärts zur Robson Street. Am Weg sehen Sie das Denkmal für Terry Fox, der Millionen Dollar für die Krebsforschung sammelte.

Drei Blocks weiter liegen die Homer Street und der **Library Square**. Sehen Sie sich das luftige Atrium an, bevor Sie auf der Robson Street weiter nach Westen zum **Pacific Centre** gehen. Bummeln Sie eine Stunde durch die Läden und kreuzen Sie danach die Howe Street zur **Vancouver Art Gallery**, wo Sie – bei schönem Wetter auf der Terrasse – im eleganten **Gallery Café** *(siehe S. 18)* Salate und Sandwiches genießen können.

Nachmittag

Nach dem Mittagessen erwartet Sie im vierten Stock der Vancouver Art Gallery die wunderbare **Emily Carr Collection** *(siehe S. 18)*. Sehen Sie sich zur Einführung das 15-minütige Video über die berühmte Malerin an.

Bummeln Sie nach dem Museumsbesuch über den Robson Square und anschließend durch die Läden an der **Robson Street**. Gönnen Sie sich in einem der zahlreichen Schokoladenläden etwas Süßes und gehen Sie zur Burrard Street zurück.

Zum Abschluss des Tages können Sie sich im **Kamei Royale Japanese Restaurant** *(siehe S. 73)* von dem ausgezeichneten Sushi-Koch verwöhnen lassen.

Der Architekt Francis Rattenbury war eine schillernde Gestalt mit einem lockeren Lebenswandel. Er wurde 1935 ermordet.

Links **lululemon atheltica** Rechts **Räucherlachs als Geschenk verpackt, Salmon Village**

TOP 10 Shopping

1 Roots Canada

Roots Canada bietet klassische kanadische Sportswear und Lederbekleidung sowie Accessoires von Uhren über Gürtel bis zu Rucksäcken. *1001 Robson St • Karte J3 • 604 683 4305*

2 lululemon athletica

Die Yoga-, Sport- und Freizeitkleidung für Damen und Herren der Firma aus Vancouver ist beliebt. *1148 Robson St • Karte J3 • 604 681 3118*

3 Alberni Street Liquor Store

Das breite Sortiment des Ladens umfasst Weine, Biere und Spirituosen, darunter eine exzellente Auswahl an Eiswein aus BC. Der begehrte Wein wird aus gefrorenen Trauben gekeltert. *1120 Alberni St • Karte J3 • 604 660 4572*

4 Rendezvous Art Gallery

Die von der Galerie präsentierte moderne und traditionelle bildende Kunst aus Kanada beinhaltet Werke von Künstlern der First Nations und der Inuit. *323 Howe St • Karte K3 • 604 687 7466*

5 Daniel Le Chocolat Belge

Neben belgischer Schokolade gibt es köstliche Pralinen und Champagner-, Kaffee- und Zitronentrüffel aus Bio-Zutaten. *1105 Robson St • Karte J3 • 604 688 9624*

6 Holt Renfrew

Die gehobene kanadische Kaufhauskette wurde im frühen 19. Jahrhundert gegründet. Die Filiale in Vancouver birgt neben Boutiquen von Louis Vuitton und Chanel auch ein Outlet des hauseigenen Labels. *737 Dunsmuir St • Karte K3 • 604 681 3121*

7 Salmon Village

Das alteingesessene Unternehmen verkauft exzellenten Wild- und Zuchtlachs. *779 Thurlow St • Karte J3 • 604 685 3378*

8 John Fluevog Boots & Shoes Ltd

Die schicken, robusten Schuhe und Stiefel sind bei Modekennern heiß begehrt. *837 Granville St • Karte K4 • 604 688 2828*

9 Tiffany & Co

Die Filiale lockt mit den Preziosen des berühmten New Yorker Juweliers. *723 Burrard St • Karte J3 • 604 630 1300*

10 Murchie's Tea & Coffee

Der Laden bietet erlesene Tees und Kaffees aus aller Welt. Die Tradition des Familienbetriebs reicht bis 1894 zurück. *825 West Pender St • Karte K3 • 604 669 0783*

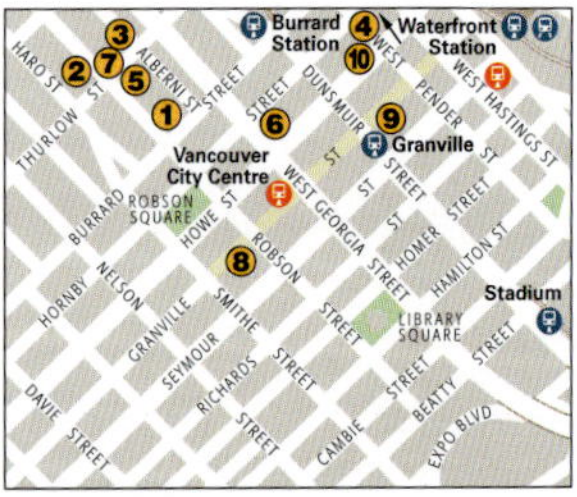

Shopping-Tipps **siehe S. 112**

Preiskategorien

Preis für ein Drei-Gänge-Menü pro Person mit einer halben Flasche Wein, inkl. Steuern und Service.	$	unter 20 $
	$$	20–35 $
	$$$	35–60 $
	$$$$	60–85 $
	$$$$$	über 85 $

Coast

Top 10 Restaurants

1 Kamei Royale Japanese Restaurant

Die traditionellen Grillgerichte und die Speisen an der Sushi-Bar sind köstlich. *1030 W Georgia St • Karte K3 • 604 687 8588 • $$$*

2 Bacchus Restaurant

Das stilvolle Restaurant bietet exzellente Küche. Am Wochenende werden auch Brunch, Mittagessen und Nachmittagstee angeboten. *Wedgewood Hotel, 845 Hornby St • Karte J4 • 604 608 5319 • $$$$$*

3 Cibo Trattoria

Das Restaurant im schicken Moda Hotel serviert authentische italienische Gerichte aus Bio-Zutaten. *Moda Hotel, 900 Seymour St • Karte K4 • 604 669 6678 • $$$$*

4 CinCin Ristorante & Bar

Leckeres Gebratenes und Risotto sind die Renner in dem italienisch inspirierten Restaurant. Hier essen oft Hollywood-stars. *1154 Robson St • Karte J3 • 604 688 7338 • $$$$*

5 Diva at the Met

In der offenen Küche entstehen Gerichte aus regionalen Zutaten. Die Weine aus BC sind zu empfehlen. *Metropolitan Hotel, 645 Howe St • Karte K3 • 604 602 7788 • $$$$*

6 Salathai Thai Restaurant

In tropischem Ambiente werden köstliche Thai-Gerichte mit hausgemachten Saucen serviert. Der Service ist freundlich und aufmerksam. *888 Burrard St • Karte J3 • 604 683 7999 • $$*

7 Coast

Das lebendige Lokal nimmt zwei Etagen ein. Es bietet hervorragende Fischgerichte und Seafood. *1054 Alberni St • Karte J3 • 604 685 5010 • $$$$*

8 Raincity Grill

Das schicke Restaurant liegt direkt an der English Bay. Beim Genuss der regionalen Bio-Küche lässt sich der Sonnenuntergang beobachten. *1193 Denman St • Karte G3 • 604 685 7337 • $$$$*

9 Le Crocodile

Flammkuchen ist die Spezialität des eleganten französischen Restaurants. Die französischen Weine sind grandios. *100–909 Burrard St • Karte J3 • 604 669 4298 • $$*

10 Hawksworth

Das Restaurant in dem luxuriösen Hotel Georgia bietet exquisite zeitgenössische Küche. *801 W Georgia St • Karte K3 • 604 673 7000 • $$$$$*

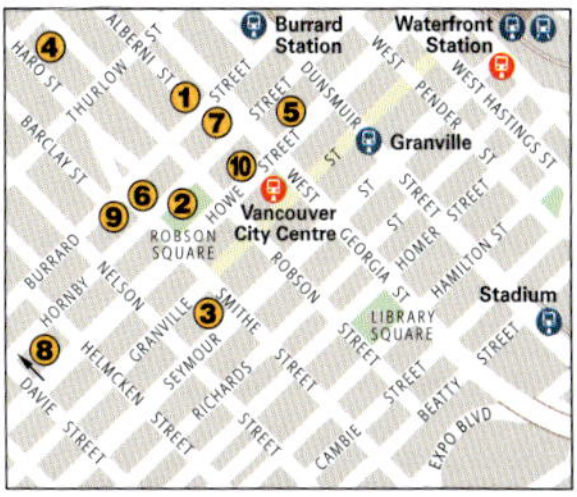

Wenn nicht anders angegeben, akzeptieren alle Restaurants Kreditkarten und bieten auch vegetarische Gerichte an.

Links **O'Doul's Restaurant & Bar** Rechts **The Roxy**

TOP 10 Bars & Clubs

1 Ceili's Irish Pub
Das Irish Pub wird seinem Namen – Ceili bedeutet »Treffen von Freunden zum gemeinsamen Trinken und Essen« – gerecht: Es ist stets gut besucht. Mittwochs bis samstags wird Live-Musik gespielt. *670 Smithe St • Karte J4 • 604 697 9199*

2 Commodore Ballroom
In dem seit 1929 bestehenden Club spielen Live-Bands Rock, Pop, Blues und Jazz. *868 Granville St • Karte K4 • 604 739 4550 • www.livenation.com*

3 Barcelona Ultra Lounge
Mit der eleganten Einrichtung und dem modernen Soundsystem entspricht der Club seinen eleganten Vorbildern in New York, Miami und London. *1180 Granville St • Karte J4 • 604 249 5151*

4 Caprice Nightclub
Der gehobene Club mit zwei Ebenen und riesiger Tanzfläche bietet Musik aus den Charts und Retro-Abende. *967 Granville St • Karte K4 • 604 681 2114*

5 Railway Club
Der legendäre Live-Club bietet Country, Folk, Roots und Funk sowie Bier, gute Weine, Whiskeys und Martinis. *579 Dunsmuir St • Karte K3 • 604 681 1625*

6 ginger 62
In der Lounge im Retrostil werden House, Reggae, R&B und Soul live gespielt. Zu Martinis und Cocktails werden leckere Snacks angeboten. *1219 Granville St • Karte J4 • 604 688 5494*

7 Venue
Der Club bietet Alternative, gelegentlich spielen Bands live. Der umlaufende Balkon eröffnet eine fantastische Aussicht. *881 Granville St • Karte K4 • 604 646 0064*

8 AuBAR Nightclub
In dem Club läuft Musik aus den Charts, die von Kerzen beleuchteten Tische sorgen für Romantik. Der Dresscode ist streng. *674 Seymour St • Karte K3 • 604 648 2227*

9 O'Doul's Restaurant & Bar
Die rot-goldene Einrichtung verströmt den Charme der Alten Welt. Bei Cocktails, Whiskey, Bier und Wein kann man Live-Jazz lauschen. *1300 Robson St • Karte J3 • 604 661 1400*

10 The Roxy
Am Wochenende locken Auftritte von Bands aus Vancouver und Kanada viele Gäste an. *932 Granville St • Karte K4 • 604 331 7999*

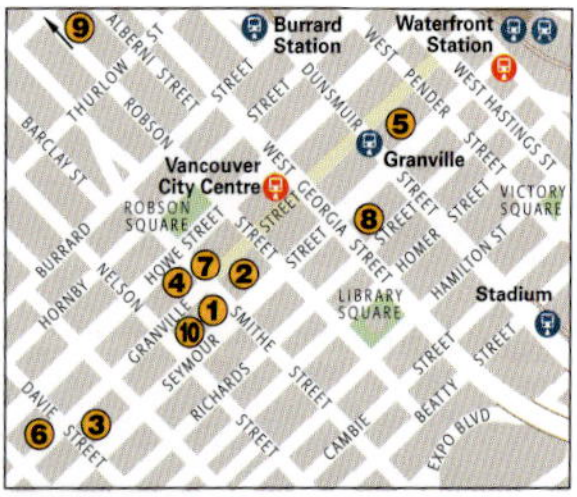

Die Öffnungszeiten können variieren, manche Clubs sind sonntags geschlossen. Informieren Sie sich vorab telefonisch.

The Gallery Café

Preiskategorien

Preis für ein Drei-Gänge-Menü pro Person mit einer halben Flasche Wein, inkl. Steuern und Service.

$	unter 20 $
$$	20–35 $
$$$	35–60 $
$$$$	60–85 $
$$$$$	über 85 $

TOP 10 Preiswerte Lokale

1 Café Presto Panini

Das kleine familienbetriebene Lokal serviert authentisch italienische Küche – von Antipasti über Paninis bis zu Pasta. Vor allem mittags wird Reservierung empfohlen. *859 Hornby St • Karte J4 • 604 684 4445 • $$*

2 Egoziku Noodle Café

Heiße *Ramen*-Suppe auf Miso-, Soja- oder Salzbasis wird in großen Portionen serviert. *270 Robson St • Karte K4 • 604 685 9466 • $*

3 Library Square

Stärken Sie sich mit Flying Wedge Pizza, Blenz Coffee mit einem Rocky Road Square oder einem Yogen Früz Yogurt Cone. *345 Robson St • Karte K4 • $*

4 Kichi Sushi

Das geräumige Lokal ist in gemütliche Nischen unterteilt. Sushi, Teriyaki und andere Spezialitäten werden täglich frisch zubereitet. *778 Robson St • Karte K4 • 604 669 3998 • $*

5 Bellaggio Café

Das elegante italienische Restaurant serviert leckere Pasta-Tagesgerichte mit Knoblauchbrot sowie Weine aus British Columbia. *773 Hornby St • Karte K3 • 604 408 1281 • $*

6 Pacific Centre Food Fair

Gäste haben die Auswahl zwischen japanischen und chinesischen Gerichten, Pizzas, Burgern, Tacos, Säften und Frozen Yogurts. *Eingänge Granville & Dunsmuir St • Karte K3 • 604 688 7235 • $*

7 The Gallery Café

Stärken Sie sich vor dem Besuch der Vancouver Art Gallery *(siehe S. 18f)* mit Suppen, Salaten und Sandwiches. *750 Hornby St • Karte K3 • 604 688 2233 • $*

8 Pita Wrap Cafe

Der kleine Imbiss verkauft mächtige Portionen orientalischer Fleisch- und Gemüse-Wraps sowie würzige Falafel. *708 Robson St • Karte K3 • 778 371 9029 • $*

9 Urban Fare

Das Restaurant des Delikatessenladens überzeugt mit Salaten, Suppen und einem hervorragenden Büfett. *1133 Alberni St • Karte J3 • 604 669 5831 • $$*

10 La Vieille France

Crêpes sind die Spezialität in dem zweckmäßig eingerichteten Lokal. Sie werden z. B. mit Beeren und Sahne oder Spinat und Feta serviert. *380 Robson St • Karte K4 • 604 689 9885 • $*

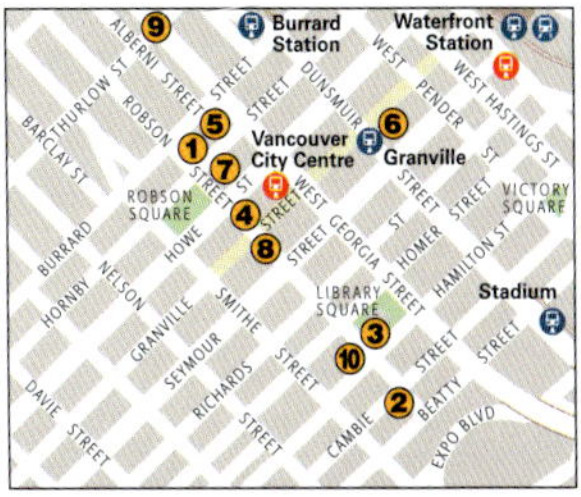

In den Straßen von Downtown bieten gehobene Imbissstände Köstlichkeiten. Re-Up BBQ und Fresh Local Wild sind empfehlenswert.

Links **Gate to the Pacific Northwest, Vanier Park** Rechts **Mumie, Museum of Vancouver**

South Granville & Yaletown

SOUTH GRANVILLE UND YALETOWN *sind durch die Granville Bridge und eine Fährverbindung über den False Creek miteinander verbunden. Granville Island beherbergt ein Labyrinth umgebauter Lagerhäuser mit einem großen Markt im Zentrum. Am Südufer bietet das hübsche South Granville gehobene Läden und Restaurants. Yaletown am Nordufer des False Creek entwickelte sich um einen Rangierbahnhof. Das einst vernachlässigte Viertel hat sich seit den frühen 1990er Jahren enorm gewandelt: Heute bestimmen Büros, Eigentumswohnungen, Boutiquen, Clubs, Pubs und Restaurants das Bild.*

TOP 10 Attraktionen

1. **Granville Island**
2. **Sunset Beach**
3. **Vancouver Maritime Museum**
4. **Gallery Row**
5. **Roundhouse Arts & Recreation Centre**
6. **H.R. MacMillan Space Centre**
7. **Vanier Park**
8. **Yaletown Warehouse District**
9. **False Creek**
10. **Museum of Vancouver**

RCMP-Schoner, Vancouver Maritime Museum

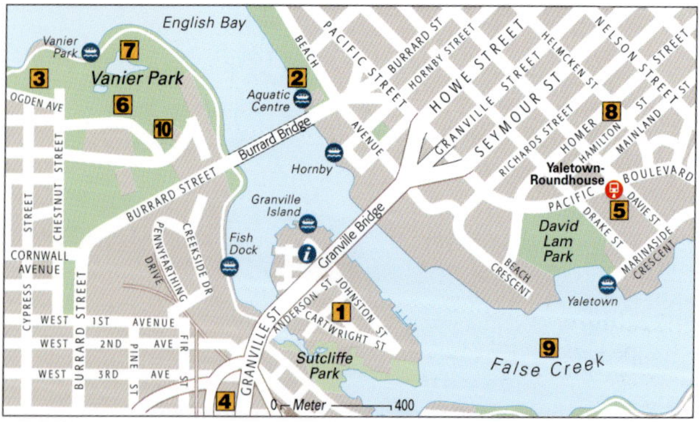

Wegen der vielen Galerien zwischen 5th & 15th Avenue wird die South Granville Street auch »Gallery Row« genannt.

Blick von Granville Island auf die Hochhäuser von West End

1 Granville Island

Im Watt des False Creek lagen einst die Fischgründe der Squamish. Die Ansiedlung von Industrie um die Wende zum 20. Jahrhundert zog eine Verschmutzung der Umwelt nach sich. In den 1970er Jahren wurde Granville Island saniert: Durch Regierungsbeschluss wurde die Schwerindustrie verlagert und die Gegend entwickelte sich zu einem lebendigen Viertel. Auf den Straßen darf man drei Stunden lang kostenlos parken, es gibt aber auch geschützte, gebührenpflichtige Parkplätze *(siehe S. 20f)*.

2 Sunset Beach

Im Sommer kann man am weißen Sunset Beach, wo der Seawall der English Bay endet und der False Creek beginnt, ausspannen, sonnenbaden und im 18 °C warmen Wasser schwimmen. Von Mitte Mai bis zum ersten Montag im September sind Rettungsschwimmer vor Ort. Das Westende eröffnet schönen Blick auf die Granitskulptur *Inukshuk (siehe S. 36)*. Das Vancouver Aquatic Centre am Ostende bietet Sauna, Dampfbad, Whirlpools, Schwimm- und Tauchbecken. Nebenan halten die False Creek Ferries *(siehe S. 21)*. *Karte G3–H4*

3 Vancouver Maritime Museum

Das Museum zur Seefahrtsgeschichte zeigt u. a. einen Schoner von 1928 und seegängige Kanus. Kinder begeistert das Entdeckerzentrum mit Teleskop, Computerspielen und Unterwasserroboter *(siehe S. 35)*. *1905 Ogden Ave • Karte G4 • 604 257 8300 • Sep–Mai: Di–Sa 10–17 Uhr, So 12–17 Uhr; Mai–Sep: tägl. 10–17 Uhr • Eintritt*

4 Gallery Row

Die 16 Läden zwischen 5th Avenue und West Broadway an der Granville Street bilden die größte Ansammlung von Kunstgalerien und Antiquitätenläden der Stadt. *2100–2400 Granville St • Karte H6*

Blick auf den Sunset Beach

Der 1941 im US-Bundesstaat Washington geborene Dale Chihuly zählt zu den weltweit führenden Glaskünstlern.

5 Roundhouse Arts & Recreation Centre

Das in einem ehemaligen Lokschuppen der Canadian Pacific Railway an der Beach Avenue ansässige Gemeindezentrum beherbergt ein Theater, Ausstellungssäle und Veranstaltungsräume für Kunst- und Sportkurse. Es birgt auch die Lokomotive, die 1887 den ersten Personenzug nach Vancouver zog. *181 Roundhouse Mews • Karte K5 • 604 713 1800*

Tafel im Roundhouse

6 H.R. MacMillan Space Centre

Das Zentrum bringt Kindern mit Präsentationen, interaktiven Exponaten und Multimediashows die Astronomie näher. Ein Simulator entführt auf eine virtuelle Reise ins All, auch in der interaktiven Ausstellung Cosmic Courtyard wird der Weltraum erfahrbar. Die Multimediashows finden in einer 20-Meter-Kuppel statt. Die musikalisch untermalten Lasershows sind sehr beliebt. *1100 Chestnut St • Karte G4 • 604 738 7827 • Eintritt*

Yaletowns Eisenbahn

1887, als der Bau des transkontinentalen Schienenwegs in Vancouver endete und das Baulager in Yale geschlossen wurde, siedelten sich das Zugpersonal und die Arbeiter der Canadian Pacific Railway (CPR) in Yaletown an. Noch in den frühen 1990er Jahren, als ein Entwicklungsplan erstellt wurde, war Yaletown das halbverfallene Zentrum der letzten Schwerindustrie in der Stadt. In nur einem Jahrzehnt verwandelte sich dieses Gebiet in ein beliebtes und lebendiges Stadtviertel.

7 Vanier Park

Im herrlich ruhigen Vanier Park sieht man Segelboote in der English Bay, Drachen am Himmel und Radfahrer und Spaziergänger auf ihrem Weg zum Kitsilano Beach oder nach Granville Island. In dem einst von Salish besiedelten Gebiet stehen heute das H. R. MacMillan Space Centre, das Museum of Vancouver und das Vancouver Maritime Museum *(siehe S. 77)*. *Karte G4*

8 Yaletown Warehouse District

Die Skyline von Yaletown prägen heute Hochhäuser. Die alten Lagerhäuser wurden in Lofts und Läden verwandelt, die ehemaligen Docks dienen Cafés als Terrassen. Dank der Modernisierung bezaubern die Homer, die Hamilton und die Mainland Street nun mit herausgeputzten Altbauten, die rote Ziegelfassaden und Torbogen besitzen. Die zahlreichen Bars und Clubs lassen das Viertel abends lebendig werden. *Karte J4–K5*

Renoviertes Lagerhaus, Yaletown

Schöne Parks in der Umgebung von Vancouver **siehe S. 88**

Boote an der Südseite des False Creek

9 False Creek

Die Meeresbucht erstreckt sich mitten in der Stadt von der Burrard Bridge bis zur Science World *(siehe S. 22f)* im Osten. Ende der 1850er Jahre suchte Kapitän G. H. Richards in dem Gewässer vergeblich die Mündung des Fraser River und nannte es enttäuscht False Creek (»falscher Bach«). Im Watt der Bucht, die damals noch über die heutige Chinatown hinaus bis zum Clark Drive reichte, gingen die Squamish einst zum Fischen. An der Südküste entstanden später Sägewerke, im Norden Rangierbahnhöfe. Heute kann man an den Ufern spazieren gehen *(siehe S. 71)* und die kleinen Fähren *(siehe S. 21)* und Boote im Wasser beobachten. *Karte J6–L5*

10 Museum of Vancouver

Das größte Stadtmuseum in Kanada zeigt Vancouvers Entwicklung vom Pelzhandelsposten zur Metropole. Die Sammlung zu Naturgeschichte, Archäologie, asiatischer Kunst und Ethnografie basiert vor allem auf Spenden. Ein Glanzstück ist die altägyptische Mumie eines Jungen.
1100 Chestnut St • Karte G5 • 604 736 4431 • Di–So 10–17 Uhr (Do bis 20 Uhr), Juli & Aug: auch Mo 10–17 Uhr • Eintritt

Ein Tag in Yaletown & auf Granville Island

Vormittag

Ein 15-minütiger Spaziergang durch Yaletown, von der Drake Street auf der Hamilton Street nach Norden, führt an historischen Häusern vorbei. An der Helmcken Street geht es rechts, dann wieder rechts in die Mainland Street. Ein Ladenbummel führt Sie zu **The Cross Decor & Design** *(siehe S. 81)*.

Auf der anderen Seite des Pacific Boulevard erwartet Sie das **Roundhouse Arts & Recreation Centre** mit der Dampflok 374. Vom Dock hinter dem Zentrum fährt der Aquabus nach **Granville Island**. Vergnügen Sie sich eine Stunde auf dem Markt und gönnen Sie sich einen Imbiss.

Nachmittag

Vom Markt gehen Sie über die Johnston Street im Osten an der letzten betriebenen Fabrik, Ocean Cement, vorbei und rechts in die Old Bridge Street zu den Glasbläsern des **New-Small & Sterling Glass Studio** *(siehe S. 20)*. Bummeln Sie 20 Minuten durch die Läden der **Railspur Alley** *(siehe S. 21)*. Hinter dem Railspur Park folgen Sie links der Cartwright Street. Am Ende lohnt die Aussicht den 20-minütigen Aufstieg auf The Mound.

Die Johnston Street führt westlich zur **Charles H. Scott Gallery** *(siehe S. 35)* und weiter zum **Vanier Park** und zum **Museum of Vancouver**.

Beschließen Sie den Tag in The Sandbar (1535 Johnston St) mit Blick auf den Markt, den False Creek, und das West End.

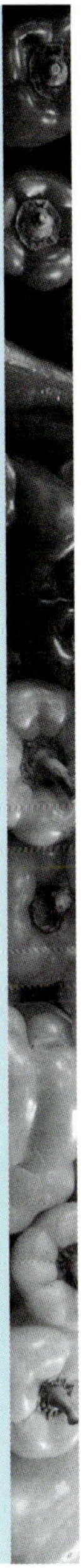

Unternehmen Sie eine schöne einstündige Fahrt um den False Creek mit einer Minifähre von Granville Island **siehe S. 21**

Links **Frische Pasta, Spezialitätenstand** Rechts **Hüte, Kunsthandwerksstand**

TOP 10 Granville Island Public Market

1 Public Market Building

Der große Markt befindet sich am westlichen Ende von Granville Island. Die Markthalle aus Wellblech und Holz wurde in den frühen 1920er Jahren von BC Equipment, der ersten Firma auf der Insel, gebaut und diente als architektonisches Vorbild für die nachfolgenden Gebäude. Mit den großen Flaschenzügen an den Holzbalken lagerte man früher Seilrollen um.

2 Food-Courts

In den beiden Food-Courts gibt es griechische, mexikanische, thailändische, chinesische und kanadische Imbisse. Mit Geduld ergattert man einen freien Tisch im Inneren.

3 Regionale Erzeugnisse & Seafood

Das kunstvoll drapierte Obst und Gemüse stammt aus British Columbia und meist aus Bio-Anbau. Wildlachs aus der Region ist frisch und geräuchert in Geschenkverpackungen erhältlich.

4 Olde World Fudge

In einem Kupferkessel wird Schokolade nach belgischem Rezept hergestellt. Hier erhält man Fudges, Toffees, Krokant und Karamell. Probieren ist erlaubt.

5 Stuart's Bakery

An der einen Theke locken leckere Törtchen, Kuchen, Schokoladen und Konfekt, an der anderen Brotsorten und Käse.

6 Essen im Freien

Speisen von den Imbissständen kann man in den Sitzbereichen am Ufer des False Creek in Ruhe verzehren. Westlich des Markts genießt man den Blick auf die Marina, im Markthof an der Ostseite ist für kostenlose Unterhaltung gesorgt. Die abgewetzten Bodenplanken stammen noch aus der Zeit, als sich hier ein Dock befand.

7 Kunsthandwerk & Spezialitäten

An fliegenden Ständen werden Produkte aus der Region verkauft, etwa Schalen aus einheimischem Holz, Thai-Curry-Saucen, Kräuterstöcke, hausgemachte Kuchen und Schmuck. Die Händler wechseln fast täglich.

8 Straßenkünstler

Für kostenlose Unterhaltung sorgen Musiker, Zauberer, Jongleure, Clowns und andere talentierte Künstler. Spenden sind immer willkommen.

9 Blumenläden

Die Stände quellen von wunderschönen Blumen über. Der Besuch lohnt schon allein wegen der Blütenpracht und des berauschenden Duftes.

10 Marina

In der Marina auf der Westseite des Markts liegen elegante Yachten sowie einfache Segel- und Fischerboote. Bei Festivals legen große Schiffe an.

Shopping-Tipps **siehe S. 112**

Links **Mundgeblasenes Glas, Circle Craft Co-op** Rechts **Neueste Mode bei Boboli**

TOP 10 Shopping

1 Meinhardts
Der luxuriöse Lebensmittelladen ist ähnlich angelegt wie das berühmte New Yorker Geschäft Dean & DeLuca. Er vermittelt Kunden die Philosophie, regelmäßig auf frische Zutaten zurückzugreifen. *3002 Granville St • Karte B2 • 604 732 4405*

2 The Cross Decor & Design
Der in einem denkmalgeschützten Gebäude von 1914 ansässige Laden bietet neben internationalen Marken auch Objekte von einheimischen Künstlern und Herstellern an. *1198 Homer St • Karte J5 • 604 689 2900*

3 Bernstein & Gold
Der Laden bietet u.a. Laken aus ägyptischer Baumwolle, italienische Bettwäsche, Tapisserien, Notizbücher mit Ledereinband und Kaschmirdecken. *1168 Hamilton St • Karte K5 • 604 687 1535*

4 Taylor Wood Wines
Neben Gourmet-Geschenkkörben sind exquisite Weine aus BC erhältlich. *1185 Mainland St • Karte K5 • 604 408 9463*

5 Circle Craft Co-op
Der Kunsthandwerksladen vertreibt Kleidung, Wanddekorationen, Schmuck, Keramik und mundgeblasenes Glas. *1666 Johnston St • Karte H5 • 604 669 8021*

6 Vansanji Boutique
Die Damen- und Herrenmode stammt von Designern aus dem In- und Ausland. Die Schuhauswahl ist großartig. *1012 Mainland St • Karte K5 • 604 669 0882*

7 Forge & Form
Der Juwelier verkauft edlen Schmuck aus Gold, Silber und Edelsteinen, ausgefallene Ringe und Halsketten. *1334 Cartwright St • Karte H5 • 604 684 6298*

8 Basquiat
Die elegante Boutique führt exklusive europäische Marken und saisonale amerikanische Modelinien für Damen und Herren. *1189 Hamilton St • Karte J5 • 604 688 0828*

9 Malaspina Printmakers Gallery
Die Galerie bietet Drucke kanadischer, vor allem aus British Columbia stammender Künstler und internationale Werke – von fotorealistisch bis abstrakt. *1555 Duranleau St • Karte H5 • 604 688 1724*

10 Boboli
Die Boutique führt Damen- und Herrenmode von Etro, Blumarine, Missoni und Valentino. Änderungen sind gratis. *2776 Granville St • Karte B2 • 604 257 2300*

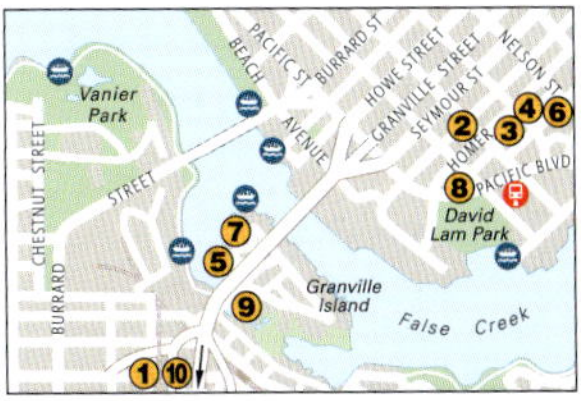

Südlich der Granville Bridge liegen viele Läden, Boutiquen, Restaurants und ein wunderschön restauriertes Theater.

Links **George Ultra Lounge** Rechts **The New Oxford**

Top 10 Bars & Clubs

1 Venue
In dem riesigen 500 Besucher fassenden Club, der sich über zwei Etagen erstreckt, sind Live-Musik und einige der besten DJs der Stadt zu hören. *881 Granville St • Karte K4 • 604 646 0064*

2 Section 3
Der beliebte Club in Yaletown bietet Speisen in lebendiger Atmosphäre. Regelmäßig legen DJs auf. *1039 Mainland St • Karte K5 • 604 684 2777*

3 Yaletown Brewing Company
Das in der Region gebraute Bier schmeckt zu Pub-Klassikern – im Restaurant und auf der beliebten Terrasse. *1111 Mainland St • Karte K5 • 604 681 2739*

4 The New Oxford
Die 15 Meter lange Theke ist Herzstück der in ironischer Weise auf die Oxford University und die britische Sportkultur anspielenden Bar. *1144 Homer St • Karte J4 • 604 899 3229*

5 Bar None
Der Club New Yorker Stils in einem umgebauten Lagerhaus zieht mit Live-Musik und einer großen Tanzfläche ein schickes Publikum an. *1222 Hamilton St • Karte J5 • 604 689 7000*

6 The Yale
In dem Rock- und Blueslokal in einer ehemaligen Schlafbaracke für Mitarbeiter der Eisenbahn aus den 1890er Jahren treten abends zuweilen renommierte Live-Bands auf. Es gibt Billardtische und eine Tanzfläche. *1300 Granville St • Karte J4 • 604 681 9253*

7 Dockside Restaurant & Brewing Company
Genießen Sie hausgebrautes Bier mit Blick auf den False Creek. *Granville Island Hotel, 1253 Johnston St • Karte H6 • 604 685 7070*

8 Backstage Lounge
Besucher und Schauspieler der benachbarten Granville Island Stage zählen zu den Stammgästen des legeren Lokals, in dem v. a. einheimische Musiker auftreten. *1585 Johnston St • Karte H5 • 604 687 1354*

9 George Ultra Lounge
Die exklusive Lounge bietet Londoner Barkultur, Samtbänke und Cocktails. *1137 Hamilton St • Karte K4 • 604 628 5555*

10 Red X Red
Lenin ist Maskottchen der Bar mit osteuropäischem Motto, die über 80 Sorten Wodka bietet. *1216 Granville St • Karte J4 • 604 408 6352*

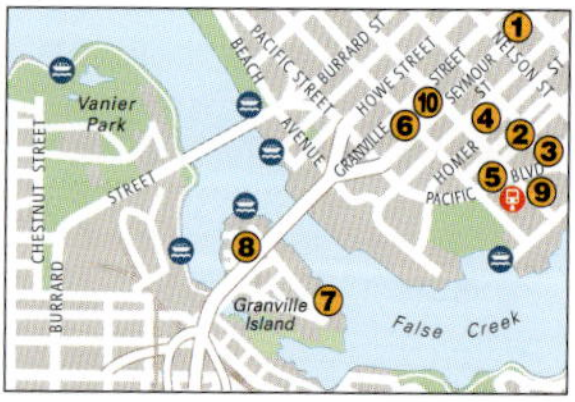

Mehr über Bars & Clubs **siehe S. 50f**

Terrasse am Ufer, The Sandbar

Preiskategorien

Preis für ein Drei-Gänge-Menü pro Person mit einer halben Flasche Wein, inkl. Steuern und Service.

$	unter 20 $
$$	20–35 $
$$$	35–60 $
$$$$	60–85 $
$$$$$	über 85 $

Top 10 Restaurants

1 Blue Water Café and Raw Bar

Die innovativen Gerichte der Westküste mit fangfrischem Fisch und das hervorragende Sushi werden von exzellenten Weinen begleitet. *1095 Hamilton St • Karte K4 • 604 688 8078 • $$$$*

2 C Restaurant

Der Spitzenkoch Robert Clark zaubert die wohl besten Seafood-Gerichte der Stadt. *1600 Howe St • Karte H5 • 604 681 1164 • $$$$$*

3 West

Das mehrfach als »Restaurant des Jahres« ausgezeichnete West bietet zeitgenössische regionale Küche und eine exquisite Weinkarte. *2881 Granville St • Karte B2 • 604 738 8938 • $$$$$*

4 Cioppino's Mediterranean Grill

»Pino« Posteraro kreiert köstliche, leichte Versionen traditioneller italienischer Pasta-, Risotto- und Fischgerichte. *1133 Hamilton St • Karte J5 • 604 688 7466 • $$$$*

5 Provence Marinaside

In dem hübschen Restaurant mit Bar am False Creek hilft ein Sommelier bei der Weinauswahl. Die Picknickkörbe sind empfehlenswert. *1177 Marinaside Cres • Karte K5 • 604 681 4144 • $$$$*

6 glowbal grill & satay bar

Tapas, Steaks und Satays locken auch prominente Gäste in das Restaurant. Die Weine sind hervorragend. *1079 Mainland St • Karte K4 • 604 602 0835 • $$$$*

7 Rodney's Oyster House

Die an der Bar bestellten Austern werden vor den Augen der Gäste geöffnet. Auch die gedämpften Muscheln, die Krebse und der Hummer sind empfehlenswert. *1228 Hamilton St • Karte J5 • 604 609 0080 • $$$$*

8 Brix

Die Wild- und Fischgerichte wie Arktischer Saibling sind ebenso beliebt wie der romantische Innenhof. *1138 Homer St • Karte J5 • 604 915 9463 • $$$*

9 Nu

Das Restaurant in einem Pfahlhaus im False Creek bietet griechische Haute Cuisine. *1661 Granville St • Karte H5 • 604 646 4668 • $$$$*

10 The Sandbar

Bei atemberaubender Aussicht auf False Creek, English Bay und West End genießen Gäste Krabbenküchlein und über Zedernholz gegrillten Lachs. *1535 Johnston St • Karte H5 • 604 669 9030 • $$$$*

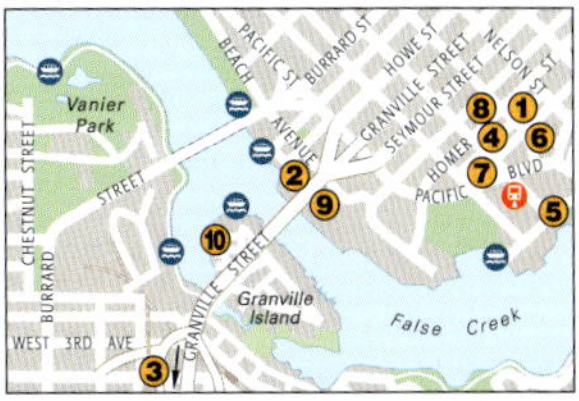

Wenn nicht anders angegeben, akzeptieren alle Restaurants Kreditkarten und bieten auch vegetarische Gerichte an.

Links **Main Library, University of British Columbia** Rechts **BC Ferry, Horseshoe Bay**

Abstecher

VANCOUVERS UMLAND *fasziniert mit grandiosen Landschaften und breitem Freizeitangebot. Nicht zuletzt deshalb wird die Metropole regelmäßig unter den Städten mit der höchsten Lebensqualität weltweit geführt. Nur wenige Minuten außerhalb der Innenstadt liegen Sandstrände, zerklüftete Küsten und Skigebiete. Die Pisten und Golfplätze von Whistler sind nur zwei Stunden entfernt. Whistler ist ein ideales Ziel für einen zweitägigen Ausflug. Im Pacific Spirit Regional Park der University of British Columbia und im Park um die Capilano Suspension Bridge in North Vancouver können Besucher den für die Region charakteristischen Regenwald erkunden. Orte wie Squamish oder Brackendale locken mit Wandermöglichkeiten durch fantastische Landschaft. An der Küste haben sich kleine Ortschaften wie das alte Fischerdorf Steveston ihr traditionelles, historisches Flair bewahrt.*

Totempfahl, Capilano Park

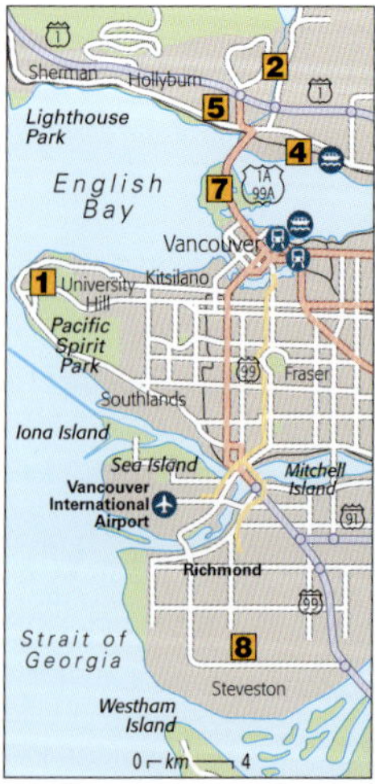

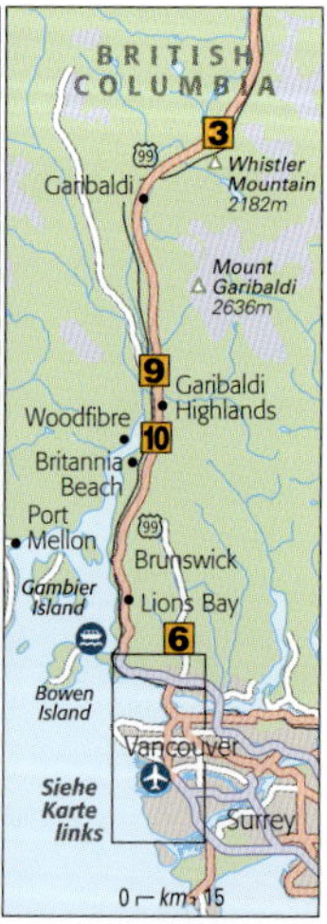

TOP 10 Attraktionen

1. University of British Columbia
2. Capilano Suspension Bridge & Park
3. Whistler
4. North Vancouver
5. West Vancouver
6. Grouse Mountain
7. Stanley Park
8. Steveston
9. Brackendale
10. Squamish

Meiden Sie nach Möglichkeit bei Ausflügen die Hauptverkehrszeit im Zentrum von Vancouver **siehe S. 105**

1 University of British Columbia

Zur ältesten Universität von British Columbia gehören alte und moderne Gebäude sowie einige Gärten. Der Campus eröffnet einen herrlichen Blick über die Strait of Georgia. Im namhaften Museum of Anthropology *(siehe S. 16f)* kann man zwei Langhäuser der Haida mit vier beschnitzten Stützpfählen und Firstbalken bewundern. Sie wurden 1993 im traditionellen Stil der Küsten-Salish gebaut. Ein Besuchermagnet ist auch der riesige Pacific Spirit Regional Park *(siehe S. 88)*.

Karte A2 • 604 822 2211 • www.ubc.ca • Haida-Langhäuser: 1985 West Mall

2 Capilano Suspension Bridge & Park

Der Park in North Vancouver besteht seit 1888. Die 70 Meter hohe Hängebrücke führt über den Capilano River *(siehe S. 14f)*.

3 Whistler

Der Ferienort Whistler liegt am Fuße der beiden Berge Whistler Mountain und Blackcomb Peak. An klaren Tagen können Passagiere der Seilbahnen und der Sessellifte die schöne Aussicht auf die Dörfer, Berge und Täler der Umgebung genießen *(siehe S. 28–31)*.

Moderner Brunnen, Lonsdale Quay

4 North Vancouver

Die Stadt North Vancouver mit rund 46 000 Einwohnern liegt am Nordufer des Burrard Inlet. Mit dem SeaBus gelangt man über die Bucht zum Lonsdale Quay. Auf dem dortigen Markt werden frisches Obst und Gemüse, Fleisch und Backwaren sowie Schmuck und Kunsthandwerk verkauft. Am besten holen Sie sich an den Ständen einen Imbiss und genießen ihn im Freien. Im Lynn Canyon Park führt eine 50 Meter hohe Hängebrücke über den Lynn Creek; hier sind 40 Moosarten und hundertjährige Douglasien zu sehen. Im Ecology Centre können Sie eine Ausstellung besuchen und Informationen über die Touren und das Wegenetz im Park erhalten. *Karte B1 • Lynn Canyon Park: am Ende der Peters Road, Lynn Valley • Lynn Canyon Ecology Centre: 604 990 3755*

Ein Skifahrer genießt die Aussicht, Whistler Mountain

Der Baden-Powell-Wanderweg führt durch den Lynn Canyon Park zur Deep Cove. Start ist an der Horseshoe Bay **siehe S. 86**

Mekka der Adler

Fast die Hälfte aller Weißkopfseeadler der Welt lebt in British Columbia, Tausende überwintern in Brackendale. 1985 wurden bei der erstmaligen Zählung der Adler am Squamish River 500 Vögel verzeichnet. Heute werden jedes Jahr etwa 2000 Adler erfasst, die in den Pappeln sitzen und sich auf laichende Ketalachse stürzen. Am besten sieht man die Adler im Dezember und im Januar während des jährlichen Brackendale Winter Eagle Festival.

5 West Vancouver

In der wohlhabenden North-Shore-Stadt leben rund 42 000 Menschen. Der Cypress Provincial Park *(siehe S. 48)*, der Lighthouse Park *(siehe S. 48)* und die Horseshoe Bay sind beliebte Ausflugsziele. Letztere wurde einst im Sommer von den Einwohnern Vancouvers, die per Zug oder Dampfschiff ankamen, sehr gerne besucht. Sie ist auch heute noch ein schönes Ziel für eine Tagestour. Im Park an der Bucht stehen einige Totempfähle. Vom Pier fährt BC Ferries *(siehe S. 106)* nach Nanaimo, Bowen Island und zur Sunshine Coast. Fußgänger können vom Ambleside Park auf dem Centennial Seawall bis in das reizende Dorf Dundarave spazieren. Das West Vancouver Museum informiert über die Geschichte der Stadt.

Karte B1 • West Vancouver Museum: 680 17th St, 604 925 7295; Di–Sa 11–17 Uhr

6 Grouse Mountain

Der »Hausberg« Vancouvers bietet viele Attraktionen: Besucher können einer Holzfällershow beiwohnen und Wildtiere beobachten. Das Feasthouse, ein schönes Langhaus aus Zedernholz, präsentiert die Kultur der First Nations der Nordwestküste. Abends werden zu traditionellen Speisen indianische Gesänge und Tänze aufgeführt. *6400 Nancy Greene Way, North Vancouver • Karte F3 • 604 980 9311 • www.grousemountain.com • Gebühr für Skyride*

7 Stanley Park

Der vier Quadratkilometer große Park liegt vor den Toren der Downtown. Der umlaufende Uferdamm bietet einen schönen Ausblick auf den Hafen und die Coast Mountains *(siehe S. 8–11)*.

8 Steveston

Steveston entstand für die Tausenden Arbeiter der einst 15 Lachskonservenfabriken. Die Gulf of Georgia Cannery National Historic Site erzählt die Geschichte des Dorfes mit Ausstellungen und Filmen. Im Ice House wurde ein Erlebnisbereich für Kinder eingerichtet. Das Gebäude von 1894 steht auf Pfählen im Fraser River. *Karte B3 • Gulf of Georgia Cannery: 12138 4th Ave; 604 664 9009; tägl. 10–17 Uhr; Eintritt*

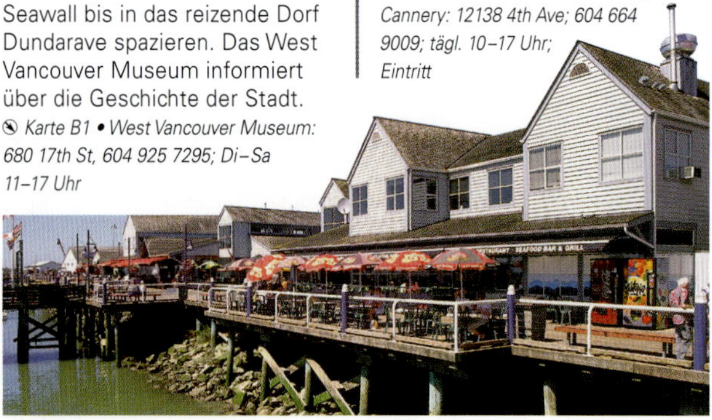

Das Dorf Steveston am Fraser River

9 Brackendale

Brackendale ist für die Weißkopfseeadler bekannt, die im acht Quadratkilometer großen Brackendale Eagles Provincial Park überwintern. Der Fluss und das Meer bieten sich zum Raften oder Kanufahren an. Nach einem Sommertag auf dem Wasser oder nach der Beobachtung der Adler bei ihrer Lachsjagd im Winter lädt das gemütliche Teahouse der Brackendale Art Gallery zur Rast ein. *Karte E2 • Brackendale Art Gallery: 41950 Government Rd*

Stawamus Chief, Squamish

10 Squamish

»Squamish« ist ein Wort der Küsten-Salish und bedeutet »Mutter des Windes«. Der Name passt zu diesem Ort, der sich zu einem bedeutenden Sportzentrum entwickelt hat. Kletterer suchen die Herausforderung des imposanten Granitfelsens Stawamus Chief, Windsurfer gleiten über den Squamish River und Camper zelten im Garibaldi Provincial und anderen Parks. Im West Coast Railway Heritage Park der berühmte schwarz-goldene Royal Hudson Steam Train sehenswert. *Karte E3 • West Coast Railway Heritage Park: 39645 Government Rd; 604 898 9336; Eintritt*

Eine Fahrt entlang der North Shore

Vormittag

Zwei Löwen begrüßen Sie an der Lions Gate Bridge am **Stanley Park**. Jenseits der Brücke nehmen Sie die Ausfahrt North Vancouver zum Marine Drive und biegen links auf die Capilano Road ab. Am zehn Minuten entfernten **Grouse Mountain** parken Sie und fahren mit dem Skyride 1,5 Kilometer auf den Gipfel. Verbringen Sie 90 Minuten bei den Grizzlys im Refuge for Endangered Wildlife, bei der Holzfällershow und dem eindrucksvollen Naturfilm über British Columbia im Theatre in the Sky.

Beim Mittagessen im Altitudes Bistro genießen Sie die herrliche Aussicht.

Nachmittag

Danach fahren Sie mit dem Auto fünf Minuten auf der Capilano Road zur **Capilano Suspension Bridge**. Jenseits der Brücke bietet **Treetops Adventure** *(siehe S. 15)* den Blick aus Baumwipfeln auf den Regenwald.

Über Capilano Road und Marine Drive fahren Sie 15 Minuten westwärts zur 25th Street in West Vancouver und biegen dort links zum Dundarave Park ab. Der Park und dessen Pier liegen am Ende des Centennial Seawall.

Danach schnappen Sie frische Seeluft und bummeln durch die Boutiquen an Dundaraves Marine Drive.

Beim Abendessen auf der Terrasse von **The Beach House at Dundarave Pier** *(siehe S. 90)* beobachten Sie den Sonnenuntergang.

Die Brackendale Art Gallery veranstaltet das jährliche Adlerfest: 604 898 3333; ***www.brackendaleartgallery.com***

Links **Pacific Spirit Regional Park** Rechts **VanDusen Botanical Gardens**

TOP 10 Grüne Oasen

1 Stanley Park
Der Park bietet Gärten, Regenwald mit Lehrpfaden, einen Uferdamm und Schwimmbecken. Am Eingang Denman Street kann man Inlineskates und Fahrräder leihen *(siehe S. 8–11)*.

2 Pacific Spirit Regional Park
Der 7,5 Quadratkilometer große Park wird auch UBC Endowment Lands genannt. Hier trifft man Reiter, Spaziergänger und Radfahrer. Die Wege sind markiert, aber bei Schlechtwetter bisweilen problematisch. *W 16th Ave Ecke Blanca St • Karte A2 • 604 224 5739 • www.metrovancouver.org*

3 Queen Elizabeth Park
Der Park liegt 167 Meter über dem Meer und birgt Vancouvers höchsten Punkt, Gärten und ein Gewächshaus *(siehe S. 38)*. *W 33rd Ave & Cambie St • Karte B2 • 604 257 8570 • www.vancouver.ca/parks*

4 VanDusen Botanical Garden
Der weltberühmte Garten bietet auch stille Ecken. Es werden Wechselausstellungen gezeigt. *5251 Oak St • Karte B2 • 604 878 9274 • www.vandusengarden.org • Eintritt*

5 Grouse Mountain
Hier kann man wandern, Rad fahren, snowboarden, Ski fahren und den fantastischen Blick auf die Stadt genießen. Der Weg zum 1211 Meter hohen Gipfel ist drei Kilometer lang *(siehe S. 86)*.

6 Mount Seymour Provincial Park
Skifahrer genießen im Winter den Schnee und die sanften Hänge, Wanderer im Sommer die Aussicht. *1700 Mt Seymour Rd, North Vancouver • Karte C1 • 604 986 2261 • www.mountseymour.com*

7 Cypress Provincial Park
Der Cypress Mountain ist ein Berg für Sportler. Der Blick reicht bis zum Mount Baker (Washington). *Oberes Ende der Cypress Bowl Road, West Vancouver • Karte E3 • 604 926 5612 • www.cypressmountain.com*

8 George C. Reifel Migratory Bird Sanctuary
60 000 Vögel zieht es ins Feuchtgebiet auf Westham Island. Von Plattformen sieht man u. a. Gerfalken und Schneegänse. *5191 Robertson Rd • Karte E4 • 604 946 6980 • www.reifelbirdsanctuary.com • Eintritt*

9 Lighthouse Park
In dem Uferpark führen stille Pfade vorbei an riesigen Farnen und Felsblöcken und durch die letzten Primärwaldbestände des Gebiets. *Marine Dr & Beacon Lane, West Vancouver • Karte A1 • 604 925 7275 • www.westvancouver.net*

10 West Dyke Trail
Der 5,5 Kilometer lange Weg führt an den Sturgeon Banks auf Sea Island vorbei. Das Schutzgebiet gehört zum Pacific Flyway und lockt jährlich 1,4 Millionen Vögel an. *Karte A3 • www.richmond.ca/parksrec*

Viele Parks bieten geführte Wanderungen und Touren mit Elektrowagen an. Informieren Sie sich vorab telefonisch.

Links **Mountainbiker in Squamish** Rechts **Rafting, Fraser River**

TOP 10 Sport im Freien

1 Gletscherskifahren

Der Horstman Glacier *(siehe S. 28)* bietet das ganze Jahr ein 45 Hektar großes Skigebiet und eine herrliche Aussicht. Manche Abfahrten sind auch für erfahrene Skifahrer eine Herausforderung. ✆ *Whistler-Blackcomb: 1 866 218 9690 • www.whistlerblackcomb.com*

2 Heli-Snowboarden

Abseits der Whistler-Blackcomb-Pisten fliegt man zu unberührtem Pulverschnee. Wählen Sie aus mehr als 1000 Abfahrten aus. ✆ *Great Canadian Adventure: 1 888 285 1676 • www.adventures.com*

3 Gleitschirmfliegen

Beim Tandemflug mit einem zertifizierten Lehrer erreicht man durch die Küstenwinde atemberaubende Höhen. ✆ *Blue Thermal: 1 800 717 0422 • www.bluethermal.com*

4 Felsklettern

Squamish zählt zu den besten Klettergebieten in Nordamerika. Wem der 652 Meter hohe Stawamus Chief zu anspruchsvoll ist, klettert in den Smoke Bluffs. ✆ *Squamish Rock Guides: 604 892 7816 • www.squamishrockguides.com*

5 Windsurfen

In der Squamish-River-Mündung am Howe Sound erreicht der Nordwind 75 bis 130 km/h. Die Squamish Windsports Society betreibt Segelpark und Rettungsdienst und erhebt eine Segelgebühr. ✆ *www.squamishwindsports.com; Windinfo: 604 892 2235*

6 Rafting

Zwei Stunden außerhalb von Vancouver kann man ab Yale auf dem Nahatlatch, Thompson und Fraser River paddeln und raften. ✆ *Fraser River Raft Expeditions: 1 800 363 7238 • www.fraserraft.com*

7 Mountainbiken

In British Columbia findet man unzählige Touren, etwa den 150 Kilometer langen Sea to Sky Trail von Squamish nach D'Arcy. Landkarten und Informationen bietet der Whistler Mountain Bike Guide. ✆ *www.whistlermountainbike.com*

8 Fallschirmspringen

Der Blick aus 1000 Metern Höhe auf das Fraser Valley ist für Anfänger und Experten gleichermaßen fantastisch. Tandemsprünge sind nur am Wochenende und in den Ferien möglich. ✆ *Abbotsford Skydive Center: 604 854 3255 • www.vancouver-skydiving.bc.ca*

9 Tauchen

Die Tauchreviere im Howe Sound bieten u. a. ein Schiffswrack, künstliche Riffe und ungewöhnliche geologische Formationen. Charter, Lehrer und Ausrüstung sind verfügbar. ✆ *Blue Zone Diving: 604 537 1767*

10 Kajakfahren mit Orcas

Paddeln Sie vor der von Gletschern geformten Ostküste von Vancouver Island zwischen Orcas. ✆ *Northern Lights Expeditions: 1 800 754 7402 • www.seakayaking.com*

Orcas oder Große Schwertwale sind zwar Raubtiere, in freier Wildbahn sind Angriffe auf Menschen jedoch bislang unbekannt.

Links **Araxi** Rechts **Bishop's**

TOP 10 Restaurants

1 Bishop's
John Bishop kombiniert Behaglichkeit mit perfektem Service. Für die Gerichte der Westküste auf der Wochenkarte werden Bio-Zutaten verwendet. *2183 W 4th Ave • Karte B2 • 604 738 2025 • nur abends • $$$$$*

2 Fraîche
In dem Restaurant in Berglage in West Vancouver genießen Gäste bei atemberaubender Aussicht preisgekrönte Küche der Westküste. *2240 Chippendale Rd • Karte A1 • 604 925 7595 • $$$$*

3 Salmon House on the Hill
Das Restaurant in den North-Shore-Hügeln ist für den auf Erlenholz geräucherten Lachs bekannt. Das Ambiente ist elegant-rustikal mit viel Holz, Glas und Kunst der First Nations. *2229 Folkstone Way, West Vancouver • Karte B1 • 604 926 3212 • $$$$*

4 Cru
Das Cru verbindet das Ambiente von Restaurant, Bistro und Lounge. Es bietet kleine Gerichte wie Ziegenkäsesoufflé oder Entenconfit und ein viergängiges Festpreismenü, z. B. mit marokkanischem Lamm. *1459 W Broadway • Karte B2 • 604 677 4111 • $$*

5 Pear Tree
Das erstklassige Restaurant bereitet aus frischen, hochwertigen Zutaten köstliche Gerichte zu. *4120 E Hastings St, Burnaby • Karte C2 • 604 299 2772 • $$$$*

6 Refuel
Robert Belcham verwendet beste regionale und nachhaltig erzeugte Zutaten. Spezialitäten sind Entenconfit, Schweinshaxe und Burger mit luftgetrocknetem Rindfleisch. *1944 West 4th Ave • Karte B2 • 604 288 7905 • $$$$$*

7 The Beach House at Dundarave Pier
Auf der Terrasse des 1912 erbauten Hauses lassen sich regionale Küche und die gute Weinauswahl genießen. *150 25th St, West Vancouver • Karte B1 • 604 922 1414 • $$$*

8 Araxi
Das elegante Restaurant serviert köstliche Gerichte aus der Nordwestregion, z. B. Austern, Wildlachs, Lammconfit und Steaks. Die Weinkarte überzeugt. *4222 Village Sq, Whistler • Karte F1 • 604 932 4540 • $$$$$*

9 Trattoria di Umberto
Die Pastagerichte von Umberto versetzen Gäste in die Toskana. Weitere Spezialitäten sind u. a. *cioppino* (Fischsuppe) und Ossobuco. Die Weinauswahl ist exzellent. *4417 Sundial Pl, Whistler • Karte F1 • 604 932 5858 • $$$$$*

10 Caramba!
Das bei Familien beliebte legere Restaurant bietet Pizza aus dem Holzofen, Calamari und gebratenes Fleisch. Das Hühnchen ist empfehlenswert. *4314 Main St, Town Plaza, Whistler • Karte F1 • 604 938 1879 • $$$$*

Wenn nicht anders angegeben, akzeptieren alle Restaurants Kreditkarten und bieten auch vegetarische Gerichte an.

Preiskategorien

Preis für ein Drei-Gänge-Menü pro Person mit einer halben Flasche Wein, inkl. Steuern und Service.	$	unter 20 $
	$$	20–35 $
	$$$	35–60 $
	$$$$	60–85 $
	$$$$$	über 85 $

Vij's

TOP 10 Asiatische Restaurants

1 Jade Seafood Restaurant
Das Restaurant zählt zu den besten chinesischen Speiselokalen in Vancouver. Probieren Sie die *Dim Sum* oder die knusprige Peking-Ente. *8511 Alexandra Road • Karte B3 • 604 249 0082 • $$$$*

2 Phnom Penh
Die schlichte Einrichtung täuscht: Einheimische stehen für den frittierten Tintenfisch und den Papaya-Salat Schlange. *244 E Georgia St • Karte M4 • 604 682 5777 • $$$*

3 Banana Leaf
Die köstlichen Gerichte wie gebratene Krebse mit Sambal und Garnelen mit Pfefferkörnern und Knoblauch verleihen dem malaysischen Restaurant großes Renommee. *820 W Broadway • Karte B2 • 604 731 6333 • $$$$*

4 Tojo's
Das gemütliche Restaurant lockt auch Prominente an. Gäste können dem Küchenchef Hidekazu Tojo dabei zusehen, wie an der Theke köstliche Kreationen zaubert, z. B. Taschenkrebs mit Kirschtomaten, wobei der Panzer als Teller dient. *1133 W Broadway • Karte B2 • 604 872 8050 • $$$$$*

5 Kirin Seafood Restaurant
Das bei Familien beliebte Lokal serviert Kanton-, Shanghai- und Sichuan-Küche und preisgekrönte *Dim Sum*. *Three West Centre, 7900 Westminster Hwy, Richmond • Karte B3 • 604 303 8833 • $$$$*

6 Vij's
Die preisgekrönte indische, im Westküstenstil variierte Küche bietet eine Sinfonie der Aromen. Spezialitäten sind Currys, mariniertes Lamm, Rippchen und Ente. *1480 W 11th Ave • Karte B2 • 604 736 6664 • nur abends • $$$*

7 Sun Sui Wah
In beeindruckendem Ambiente sind neben einer großen Auswahl *Dim Sum* köstliche Vorspeisen wie Königskrabben und Täubchen erhältlich. Die kantonesischen Gerichte sind leicht mit zartem Aroma. *3888 Main St • Karte B2 • 604 872 8822 • $$$*

8 Montri's Thai Restaurant
Die Vorspeisen aus Rindfleisch, Huhn und Garnelen werden mit Kokos und Kurkuma zubereitet. Die Currys sind fein. *3629 W Broadway • Karte A2 • 604 738 9888 • $$$*

9 Bao Bei
In dem eleganten Gastraum werden traditionelle chinesische Gerichte mit innovativer Note serviert. Die Cocktails sind hervorragend. *163 Keefer St • Karte M4 • 604 688 0876 • $$$$*

10 Clove
Das Restaurant bietet asiatische Spezialitäten wie Butterhuhn und japanische Tofuteigtaschen. Die Chai-Crème-brûlée ist ein delikates Dessert. *2054 Commercial Dr • Karte B2 • 604 255 5550 • $$$*

Folgende Doppelseite
Fairmont Empress Hotel im Inner Harbour von Victoria

THE EMPRESS

Links **Parlament, BC Parliament Buildings** Rechts **Eingang des Fairmont Empress Hotel**

Victoria

DAS IDYLLISCHE VICTORIA ist der perfekte Ausgleich zum geschäftigen Vancouver. In den hübschen Straßen der »Stadt der Gärten« hängen über 3000 Blumenampeln. Victoria wurde 1843 als Fort der Handelsfirma Hudson Bay gegründet und wuchs rund um den 1858 von Gouverneur James Douglas angelegten Beacon Hill Park schnell an. Als das wohlhabende, einflussreiche Victoria 1868 zur Hauptstadt von British Columbia wurde, ließen sich in dem Ort bekannte Architekten wie Francis Rattenbury nieder. Heute schlägt das Herz der Stadt am Inner Harbour. Dort befinden sich die älteste Chinatown Westkanadas, die Art Gallery of Greater Victoria und das Haus von Emily Carr, Victorias berühmtester Künstlerin.

Schreindetail, Art Gallery of Greater Victoria

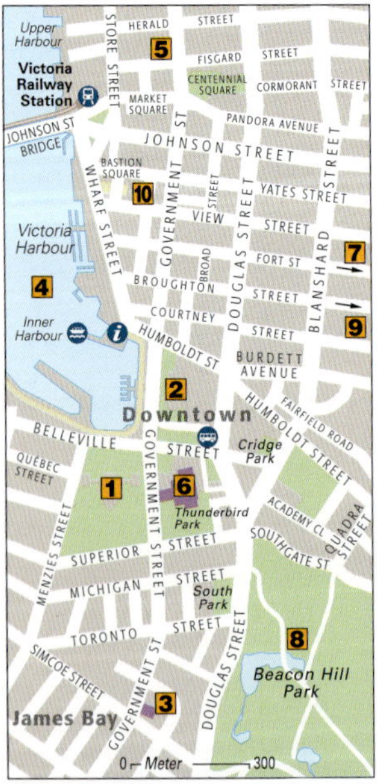

TOP 10 Attraktionen

1. British Columbia Parliament Buildings
2. Fairmont Empress Hotel
3. Emily Carr House
4. Inner Harbour
5. Chinatown
6. Royal British Columbia Museum
7. Art Gallery of Greater Victoria
8. Beacon Hill Park
9. Craigdarroch Castle
10. Maritime Museum of British Columbia

Läden in Chinatown

Victoria im Internet **www.tourismvictoria.com**

Emily Carr House

1 British Columbia Parliament Buildings

Das Parlament residiert in direkt am Inner Harbour gelegenen, klassizistischen Gebäuden aus grauem Granit, die der erst 25-jährige Francis Rattenbury aus dem englischen Leeds 1898 entwarf. Nachts werden die Bauten von 3300 Lichtern angestrahlt. *501 Belleville St • Karte N4–P4 • 250 387 3046 • Sep–Mitte Mai: Mo–Fr 9–17 Uhr, Mitte Mai–Aug: Mo–So 9–17 Uhr • Führungen • www.leg.bc.ca*

2 Fairmont Empress Hotel

Das Luxushotel im Château-Stil *(siehe S. 116)* steht am Inner Harbour und ist ein Wahrzeichen von Victoria. Es wurde 1908 von Rattenbury für die Canadian Pacific Railway erbaut. Die hohen Ziegelmauern des pompösen Baus sind teilweise mit Efeu überwachsen. Im Crystal Ballroom leuchten 18 Kristallüster unter einer Spiegeldecke. *721 Government St • Karte P4 • 250 384 8111*

3 Emily Carr House

Das 1864 erbaute Haus der Familie Carr ist typisch für die viktorianische Zeit – der Architekturstil wird English Gingerbread oder San Francisco Victorian genannt. Viele der alten Häuser des Viertels wurden entsprechend restauriert. 1871 kam hier Emily Carr zur Welt, eine der berühmtesten Malerinnen und Schriftstellerinnen des Landes *(siehe S. 19)*. Eine Tour durch Esszimmer, Salon und Wohnzimmer vermittelt einen Eindruck der »privaten« Emily Carr. Auf der Veranda kann man Tee trinken. *207 Government St • Karte P6 • 250 383 5843 • Di–Sa 11–16 Uhr • Eintritt • www.emilycarr.com*

4 Inner Harbour

Der Inner Harbour ist Victorias historisches Zentrum. Hier liegen Yachten, Fischerboote, Fähren und Wasserflugzeuge an den Piers, Fußgänger spazieren auf der breiten Promenade. Vom Hafen hat man einen schönen Blick auf die Parlamentsgebäude und das imposante Fairmont Empress Hotel. *Karte N3*

Fairmont Empress Hotel am Inner Harbour

Von der Victoria Harbour Ferry sieht man die Sehenswürdigkeiten von ihrer besten Seite, Tel. 250 708 0201 **www.harbourferry.com**

Gouverneur James Douglas

James Douglas, »Vater von British Columbia«, wurde 1803 in Demerara im heutigen Guyana als Sohn eines schottischen Kaufmanns und einer freien Mulattin geboren. Seine Frau Amelia Connolly war die halbindianische Tochter eines Pelzhändlers. Als Angestellter der Hudson Bay Company gründete Douglas 1843 Fort Victoria, das er innerhalb von 20 Jahren zum politischen Machtzentrum ausbaute. Am bekanntesten ist der ehemalige Gouverneur von British Columbia heute jedoch als Initiator des Beacon Hill Park im Jahr 1858. 1863 wurde er zum Ritter geschlagen und ging in den Ruhestand. Sir James Douglas starb 1877 in Victoria.

5 Chinatown

Das von den Europäern früher »Verbotene Stadt« genannte Viertel war einst so groß wie San Franciscos Chinatown. Den Hauptzugang des heute zwei Block großen Areals bildet das Gate of Harmonious Interest. Die einst für ihre geheimen Spielhöllen und Opiumhändler berüchtigte Fan Tan Alley gilt als Kanadas schmalste Gasse. Das denkmalgeschützte, kulturhistorisch interessante Viertel birgt zahlreiche Restaurants, Lebensmittelgeschäfte, Künstlerateliers und Souvenirläden. *Government St, zwischen Fisgard & Herald St • Karte P1*

Galerie, Royal British Columbia Museum

6 Royal British Columbia Museum

Der Schwerpunkt des berühmten Museums liegt auf Kunst und Kultur der First Nations, des Weiteren auf der Natur- und jüngeren Geschichte von British Columbia. Zu dem Komplex gehören der Thunderbird Park mit Totempfählen und das National Geographic IMAX-Kino *(siehe S. 24f)*.

7 Art Gallery of Greater Victoria

Das Museum in einem Herrenhaus von 1889 besitzt eine bekannte Asiatika-Sammlung samt Shinto-Schrein sowie eine herausragende Sammlung mit Gemälden und Schriften von Emily Carr *(siehe S. 19)*. *1040 Moss St • 250 384 4171 • Di–Sa 10–17 Uhr (Do bis 21 Uhr), So 12–17 Uhr • Eintritt*

8 Beacon Hill Park

Der schöne Park mit den knorrigen Oregon-Eichen wurde Mitte des 19. Jahrhunderts angelegt. Er bezaubert mit 2000 Pflanzenarten, einem Rosengarten und hübschen Holzbrücken sowie einem 350 Jahre alten chinesischen Glockenspiel. *Karte Q6 • 250 361 0600*

Gate of Harmonious Interest, Chinatown

Im Beacon Hill Park fahren auch Kutschen **siehe S. 109**

Neugotischer Turm, Craigdarroch Castle

9 Craigdarroch Castle

Die viergeschossige Villa wurde Ende der 1880er Jahre für den Kohlebaron Robert Dunsmuir gebaut. Dieser starb kurz nach der Fertigstellung und hinterließ das Haus mit 39 Zimmern seiner Frau Joan und elf Kindern. Besonderheiten sind die elegante viktorianische Einrichtung, ein offener Kamin aus Sandstein, Buntglasfenster und die Weißeichentreppe. Der Ausblick vom Turm auf das Meer und die Berge ist atemberaubend. *1050 Joan Cres • 250 592 5323 • Mitte Juni–Labour Day: tägl. 9–19 Uhr; Labour Day–Mitte Juni: tägl. 10–16.30 Uhr • Eintritt*

10 Maritime Museum of British Columbia

Auf drei Etagen widmet sich das Museum der Geschichte der Küstenregion. Es zeigt große Kanus der Küsten-Salish, Schiffe von europäischen Entdeckern, Piratenschiffe und Walfänger. Schaurig sind die Erzählungen über die Wracks vor der Küste. Im obersten Stock befindet sich der original erhaltene Gerichtssaal des berüchtigten Richters Matthew Baillie Begbie (»Hanging Judge«) aus dem 19. Jahrhundert.
28 Bastion Sq • Karte P2 • 250 385 4222 • Juli & Aug: Do–Sa 10–21 Uhr, Sep–Juni: tägl. 10–17 Uhr • Eintritt

Spaziergang durch Victoria

Vormittag

Von der Wharf Street bummeln Sie auf der **Government Street** zehn Minuten nach Norden. Hier residieren unter anderem schicke britische Läden.

An der Fisgard Street führt das Gate of Harmonious Interest in die **Chinatown**. Ein einstündiger Bummel bringt Sie auch in die winzige Fan Tan Alley. Weiter westlich liegen die Wharf Street und der Bastion Square. Hier, im Herzen der Old Town, tranken und randalierten einst die Pelzhändler von Fort Victoria.

Am Platz befindet sich in dem ehemaligen Gerichtsgebäude das **Maritime Museum of British Columbia**. Nach einer Stunde im Museum stärken Sie sich mit leckeren Fish and Chips im Irish Times Pub.

Nachmittag

Auf der Promenade des **Inner Harbour** sehen Sie den Schiffen zu, danach spazieren Sie am Ende des Hafens über die Belleville Street zur Statue der jungen Queen Victoria vor den **BC Parliament Buildings**. Für das faszinierende **Royal British Columbia Museum** nebenan sollten Sie zwei Stunden einplanen.

Östlich des Museums, im **Thunderbird Park** *(siehe S. 25)*, stehen Totempfähle. Auch das benachbarte Helmcken House lohnt den Besuch. Über die Belleville Street kommen Sie zur prachtvollen Lobby des **Fairmont Empress Hotel**.

Danach locken ein Abendessen oder ein Drink im Milestone's (812 Wharf St).

Das Maritime Museum of British Columbia präsentiert im Internet einen »Unterwasserfriedhof« **www.pacificshipwrecks.ca**

Links **silk road aromatherapy & tea company** Rechts **Hill's Native Arts**

TOP 10 Shopping

1 Philip Nyren
Der auch als British Importers bekannte Laden verkauft Sportswear für Damen und Herren, Anzüge und Accessoires.
960 Yates St • Karte R2 • 250 386 1496

2 Smoking Lily
Der kleine Laden bietet T-Shirts, Schals und mehr mit handgefertigten Siebdrucken.
569a Johnson St • Karte P2 • 250 382 5459

3 Breeze
Neben Mode, Schuhen und Accessoires für Frauen von Kenzie, Mac & Jac, Mexx u. a. ist Schmuck von Soul Flower aus Vancouver erhältlich. *1150 Government St • Karte P2 • 250 383 8871*

4 silk road aromatherapy & tea company
Die zwei Inhaberinnen erlernten die chinesische Teetradition von Teemeistern und Kräuterärzten. Der Laden, der an ein Spa angeschlossen ist *(siehe S. 56)*, bietet Tee und natürliche Körperpflegemittel aus eigener Produktion.
1624 Government St • Karte P1 • 250 704 2688

5 She She Bags
Der Taschenladen gegenüber von She She Shoes verkauft alles von der Glitzer-Clutch bis zur Notebooktasche.
616 View St • Karte P2 • 250 388 0613

6 Hill's Native Arts
Der Laden vertritt über 1000 Künstler der First Nations und Inuit. Er bietet Drucke, Schmuck und Schnitzereien.
1008 Government St • Karte P3 • 250 385 3911

7 Fan Tan Gallery
Der Laden bietet Geschenke aus aller Welt, vor allem aus Indien, Indonesien, China und Frankreich. Zum Sortiment gehören Wohnaccessoires wie Matten, Wandleuchter, Körbe, Wäsche, Badeartikel und Kunst. *541 Fisgard St • Karte P1 • 250 382 4424*

8 Violette Veldor
Der Laden im Stil Pariser Schmuckboutiquen führt elegante und auffällige Arbeiten,die überwiegend von kanadischen Designern stammen. *1223 Government St • Karte P2 • 250 388 7752*

9 Munro's Books
Der wunderbare Buchladen bietet Literatur aus Kanada, Großbritannien und den USA.
1108 Government St • Karte P2 • 250 382 2464

10 Fort Street Antiques
Entdecken Sie in der »Antique Row« einmalige Silberarbeiten, Glas, Porzellan, Möbel und Schmuck.
Fort St zwischen Douglas St & Linden Ave • Karte Q3

Shopping-Tipps **siehe S. 112**

Preiskategorien	
Preis für ein Drei-Gänge-Menü pro Person mit einer halben Flasche Wein, inkl. Steuern und Service.	**$** unter 20 $
	$$ 20–35 $
	$$$ 35–60 $
	$$$$ 60–85 $
	$$$$$ über 85 $

Empress Room, Fairmont Empress Hotel

TOP 10 Restaurants & Cafés

1 Fairmont Empress Hotel

Victorias führendes Grandhotel besitzt mehrere Restaurants im Kolonialstil. Der seit 1908 täglich servierte Nachmittagstee in der Lobby ist besonders beliebt. Er erfordert Reservierung. *721 Government St • Karte P4 • 250 384 8111 • $$$$*

2 Ulla

Das kleine Restaurant am Rande der Chinatown bietet hervorragende amerikanische und internationale Gerichte aus regionalen Zutaten. Reservierung wird empfohlen. *509 Fisgard St • Karte P1 • 250 500 8795 • $$$$*

3 Spinnakers Gastro Brewpub

Kanadas ältestes lizenziertes Pub mit Mikrobrauerei ist direkt am Ufer gelegen. Naturgeräuchertes und Würstchen passen perfekt zu den verschiedenen Bieren vom Fass. *308 Catherine St • 250 386 2739 • $$$*

4 Canoe

Das am Wasser gelegene Pub mit Marina und Restaurant in einem historischen Haus von 1894 serviert Bio-Produkte, Fisch, Fleisch und Meeresfrüchte aus der Region. Zu Klassikern wie Burgern und Pommes frites schmeckt Bier. *450 Swift St • Karte N1 • 250 361 1940 • $$$*

5 Brasserie L'École

Die Zutaten für die französische Bistrokost wie Muscheln und Pommes frites stammen aus der Region. *1715 Government St • Karte P1 • 250 475 6260 • $$$*

6 Camille's

Gäste genießen feine Westküstenküche aus regionalen Bio-Produkten in romantischem Ambiente. *45 Bastion Sq • Karte P2 • 250 381 3433 • $$$*

7 Il Terrazzo Ristorante

Fleisch, Holzofenpizzas, Pasta- und Seafood-Gerichte werden auch im beheizten Hof serviert. *555 Johnson St • Karte P2 • 250 361 0028 • $$$*

8 Pagliacci's

Linguine, Lasagne, Fettuccine, aber auch das Brot sind heiß begehrt. *1011 Broad St • Karte P3 • 250 386 1662 • $$$*

9 The Noodle Box

Die großen Portionen Nudeln und Reis gibt es in hübschen Schachteln und acht Schärfegraden. *818 Douglas St • Karte P3 • 250 384 1314 • $*

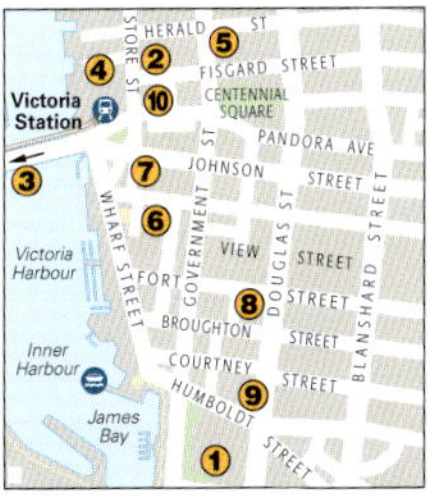

10 Wild Saffron Bistro

Fondues, Lammcarrée, Seafood und vegetarische Speisen prägen die Westküstenküche des Lokals. *506 Pandora Ave • Karte P1 • 250 361 3310 • $$$*

Wenn nicht anders angegeben, akzeptieren alle Restaurants Kreditkarten und bieten auch vegetarische Gerichte an.

Links **Orca, Gulf Islands** Rechts **Wandgemälde zur Lokalgeschichte, Chemainus**

TOP 10 Abstecher von Victoria

1 Nanaimo

Das Old Quarter stammt aus dem 19. Jahrhundert, als hier Kohle abgebaut wurde. Sehenswert ist etwa das Nanaimo Court House aus jener Zeit. Spazieren Sie am Hafen, besuchen Sie das Militärmuseum The Bastion zur zeremoniellen Wachablösung sowie den Strand und Markt von Departure Bay. Nanaimo ist auch ein guter Ausgangspunkt für Ausflüge in die Natur. *Karte D4*

2 Cowichan Valley

Wälder und Felder prägen das idyllische Tal. Weine, feiner Käse und Apfelmost locken viele Feinschmecker an. Das Gebiet eignet sich hervorragend für Radtouren. Im Cowichan Lake, Vancouver Islands größtem See, kann man herrlich schwimmen, Kanu fahren und angeln. Der Cowichan River, der durch ein Naturschutzgebiet fließt, ist bei Fliegenfischern beliebt. *Karte D5*

Immergrüner Wald, Cowichan Valley

3 Chemainus

1983 schloss mit der Sägemühle der einzige Großbetrieb in Chemainus. In dem heute malerischen Küstenort sind über 35 riesige Wandgemälde zur regionalen Geschichte von einheimischen und internationalen Künstlern zu finden. *Karte D5*

4 Gulf Islands

Die Besucher der Inseln in der Strait of Georgia suchen Ruhe und Natur. Beliebt sind Salt Spring mit den Künstlerateliers und Galianos Naturschutzgebiete, darunter ein Meeresschutzgebiet. Auch die größeren Inseln Saturna, Pender, Mayne und Gabriola haben ihren eigenen Charakter. Die Inseln erreicht man von Swartz Bay mit BC Ferries *(siehe S. 107)*. *Karte E5*

5 Duncan

In der »City of Totems« stehen 80 Totempfähle der Küsten-Salish. Im Quw'utsun' Cultural Centre sind Bildhauer bei der Arbeit und herausragende Kunst der First Nations zu sehen. Das BC Forest Discovery Centre erläutert die Geschichte der Holzfällerei in BC. Im Sommer fährt eine alte Dampfeisenbahn durch den Regenwald und vorbei an Gebäuden der Gründerzeit.

Karte E5 • Quw'utsun' Cultural Centre: 200 Cowichan Way, 250 746 8119; Apr–Dez • BC Forest Discovery Centre: 2892 Drinkwater Rd, 250 715 1113; variierende Öffnungszeiten; www.bcforestmuseum.com; Eintritt

Zu Ausflügen nach Long Beach **siehe S. 26f**

6 Butchart Gardens

Die Butchart Gardens wurden vor über 100 Jahren in einem alten Steinbruch angelegt. Besucher fasziniert ihre üppige Schönheit *(siehe S. 39)*.

800 Benvenuto Ave, Brentwood Bay • Karte E5 • 250 652 5256 • Juni–Sep: tägl. 9–22 Uhr; ansonsten variierende Öffnungszeiten • Eintritt

Butchart Gardens

7 Broken Group Islands

Der Archipel aus etwa 100 kleinen felsigen Inseln ist ein Paradies für Naturfreunde, Kajakfahrer und Taucher. Am Barkley Sound sieht man Küstenregenwälder, Strände und Meereshöhlen. Die unberührte Wildnis der Inseln erreicht man nur per Boot, am besten mit organisierten Touren wie von Jamie's Whaling Station in Tofino. *Karte B5 • Jamie's Whaling Station: 250 725 3919 • Vancouver Island Kayak: 250 480 9409*

8 Parksville

Parksvilles schöner Rathtrevor Beach bietet das wärmste Meereswasser nördlich von Kalifornien und ist ideal für Strandaktivitäten jeglicher Art. Waten Sie durch die sanfte Brandung, bauen Sie Sandburgen, suchen Sie Muscheln, fahren Sie Kanu oder zelten Sie am sieben Kilometer langen Strand. Minigolfplätze, Bistros und zahlreiche Ateliers sind in der Nähe. *Karte C4*

9 Qualicum Beach

Der herrliche Qualicum Beach mit dem sehr britisch wirkenden Dorf begeistert Strandwanderer und Kajakfahrer. Am langen Strand an der Strait of Georgia erlebt man prächtige Sonnenuntergänge. *Karte C4*

10 Goldstream Provincial Park

Der Regenwald mit mächtigen, zum Teil 600 Jahre alten Douglasien ist nur 19 Kilometer von Victoria entfernt. Bevor Ende der 1850er Jahre Goldsucher den Park überrannten *(siehe S. 34)*, lagen hier die Fischgründe der Küsten-Salish. Die Lachswanderung am Goldstream River lockt im Herbst Hunderte Weißkopfseeadler an. Ein fünfminütiger Fußweg führt zu einer Schlucht mit einem 48 Meter hohen Wasserfall. Das Besucherzentrum organisiert am Wochenende verschiedene Veranstaltungen.

Karte E6 • Goldstream Nature House: 2930 Trans Canada Hwy, 250 478 9414; tägl. 9–16.30 Uhr

Sockeye
Cooked Smoked Salmon
紅 スモーク サーモン
Tile Box 8oz (227g)
$32.75
Display
Display
Display
Smoked Salmon
Smoked Salmon
Sockeye
Cooked Smoked Salmon
紅 スモーク サーモン
Wooden Box 16oz (454g)
$45.00
COOKED SMOKED SALMON
SOCKEYE SALMON
Sockeye
Cooked Smoked Salmon
紅 スモーク サーモン
Paper Box 16oz (454g)
$31.95

Sockeye
Cooked Smoked Sa
Tile Box 4oz
$21.50
Display
Smoked
Salmon Villag
keye Salmon
$32.00
KED SALMON
COOKED S
18.95

REISE-INFOS

Links **Skifahrer, Whistler Mountain** Rechts **Frühlingsblüten, Queen Elizabeth Park**

Top 10 Reisevorbereitung

1 Beste Reisezeit
Das Küstenklima in Vancouver und Victoria ist von April bis November besonders angenehm. Von November bis März fällt periodisch Regen, in der Stadt und an der Küste sinken die Temperaturen aber selten unter null Grad. In den Bergen und in Urlaubsorten wie Whistler ist es kälter. Zur Freude der Skifahrer schneit es dort. Im Sommer kann es heiß werden, doch die Nächte sind kühler.

2 Gepäck
Im späten Frühjahr und im Frühherbst sind ein warmer Pullover und eine leichte Jacke zu empfehlen. Im Spätherbst und im frühen Frühjahr sollten Sie eine dicke Jacke oder einen Mantel und zwei warme Pullover mitnehmen. Im Winter gehören Mütze, Schal, Mantel und wasserfeste Stiefel, im Sommer ein leichter Pullover oder Blazer, Baumwoll- oder Leinenkleidung, Freizeithosen, Shorts, T-Shirts, Sonnenbrille, Sonnencreme und Regenschirm ins Gepäck.

3 Krankenversicherung
Die medizinische Versorgung in Kanada ist ausgezeichnet. Es wird jedoch dringend empfohlen, eine Reisekrankenversicherung abzuschließen. Ärzte und Krankenhäuser müssen Sie in der Regel sofort bar oder mit Kreditkarte bezahlen.

4 Einreise
Zum Schutz vor Terroranschlägen wurden die Sicherheitsmaßnahmen verschärft. Es ist mit zeitaufwendigen Kontrollen zu rechnen. Bürger der EU und der Schweiz müssen Zoll- und Einreisepapiere ausfüllen, die zusammen mit einem gültigen Reisepass bei Ankunft den Einwanderungsbehörden vorzulegen sind. Außerdem benötigen Sie ein Rückflugticket und ausreichende finanzielle Mittel für Ihren Aufenthalt. *www.migrationexpert.com/canada*

5 Zoll
Als Faustregel für die komplizierten Einfuhrvorschriften gilt: Nehmen Sie ohne Genehmigung keine lebenden Tiere, frischen Früchte, Gemüse, Fleisch, Milchprodukte, Pflanzen oder Feuerwaffen mit. Besucher dürfen begrenzte Mengen Alkohol und Tabak zollfrei einführen. Bei der Einreise müssen Geldbeträge ab 10 000 $ deklariert werden. Informationen finden Sie unter www.cbsa-asfc.gc.ca.

6 Führerschein
Ausländische Führerscheine sind in British Columbia bis zu sechs Monate gültig. Mietwagenfirmen können zusätzlich zum nationalen auch den internationalen Führerschein verlangen. Es wird empfohlen, sich bereits im Heimatland einen internationalen Führerschein ausstellen zu lassen.

7 Autoversicherung
In British Columbia besteht für Autofahrer Versicherungspflicht. Wollen Sie einen Wagen mieten, überprüfen Sie, ob Ihre Versicherung Schäden an Mietwagen abdeckt. Auch die Verleihfirmen bieten Kasko- und Haftpflichtversicherungen an. Manche Kreditkarten schließen einen entsprechenden Versicherungsschutz ein.

8 Strom
Das Stromnetz in Kanada ist auf 120 Volt und 60 Hertz ausgelegt. Es passen Stecker mit zwei oder drei Stiften. Reisende aus Europa benötigen deshalb Geräte, die sich auch mit dieser Netzspannung betreiben lassen, und einen Adapter.

9 Zeit
In Kanada gibt es sechs Zeitzonen. Vancouver liegt in der Zeitzone Pacific Time (Greenwich Mean Time minus acht Stunden). Die Sommerzeit beginnt am zweiten Sonntag im März und endet Anfang November. Für diesen Zeitraum wird die Uhr eine Stunde vorgestellt.

10 Ermäßigungen
Viele Kinos, Sehenswürdigkeiten und öffentliche Transportmittel bieten Ermäßigungen für Personen über 65 Jahre und Studenten mit Studentenausweis. Auch Hotels gewähren häufig Preisnachlässe – allerdings nur, wenn man danach fragt.

Vorhergehende Doppelseite **Räucherlachs bei Salmon Village**

Links **Fußgänger in Downtown** Rechts **Prepaid-Parkplatz**

TOP 10 Vorsicht!

1 Wertsachen im Auto

In Vancouver wird oft in Autos eingebrochen. Lassen Sie niemals etwas sichtbar im Wagen zurück und nehmen Sie alle Wertsachen und Dokumente mit. Lagern Sie Ihre Einkäufe nicht zwischenzeitlich im Kofferraum: Diebe könnten Sie dabei beobachten und den Wagen aufbrechen, sobald Sie wieder weg sind.

2 Hoteltelefone

Ferngespräche aus dem Hotelzimmer sind mindestens dreimal teurer als von Telefonen mit Prepaidkarte, die Sie in kleinen Lebensmittelläden oder an Zeitungskiosken erhalten. Ortsgespräche sind häufig kostenlos. Fragen Sie vor einem Anruf jedoch nach, da sonst schnell hohe Kosten anfallen können.

3 Rushhour

Am besten vermeiden Sie in Vancouver die Rushhour. Von 15.30 bis 18 Uhr herrscht in den Straßen stockender oder gar stehender Verkehr. Morgens sollten Sie nach Möglichkeit erst nach 9.30 Uhr losfahren. Unterschätzen Sie die Fahrtdauer nicht. Die Stoßzeiten in Victoria sind ruhiger.

4 Autofahren in Städten

Viele Sehenswürdigkeiten in Vancouver und Victoria erreicht man gut zu Fuß oder mit dem Bus. Meist ist es sinnvoll, den Wagen am Hotel zu lassen. Bevor Sie einen Wagen für längere Ausflüge mieten, überprüfen Sie erst die Alternativen der öffentlichen Verkehrsmittel. Nach Whistler fährt in der Skisaison ein Shuttle-Bus.

5 Strafzettel

Beachten Sie die Geschwindigkeitsbegrenzungen, die Bußgelder in British Columbia sind hoch. Achten Sie darauf, die Parkzeit auf Plätzen mit Parkuhren nicht zu überschreiten. Strafzettel werden schnell verteilt.

6 Taschendiebe

Taschendiebe arbeiten häufig mit Tricks. Seien Sie vorsichtig, wenn Sie jemand anrempelt – möglicherweise ist er auf Ihre Wertsachen aus. Taschendiebe sind in großen Menschenmengen wie auf Konzerten und Veranstaltungen besonders aktiv. Auch Bushaltstellen bergen Gefahren. Tragen Sie Wertsachen gut verborgen unter Ihrer Kleidung.

7 Gefährliche Gegenden

Vancouver ist im Grunde eine sichere Stadt, doch wie in jeder Großstadt sollte man auch hier vorsichtig sein. Im Theatre District der Innenstadt geht es gelegentlich etwas rauer zu. Die Gegend um Hastings und Main Street in Downtown ist als Drogenviertel bekannt. Nehmen Sie nach Chinatown für den Abschnitt Pender Street einen Bus oder ein Taxi und meiden Sie bei Nacht die Parks. Die Kriminalitätsrate in Victoria ist niedrig. Dort können Bettler hin und wieder lästig sein.

8 Betrüger

Unvorsichtige Reisende sind für Trickbetrüger und Diebe leichte Opfer. Reisen Sie niemals mit großen Bargeldmengen oder wertvollem Schmuck. Meiden Sie Taxifahrer, die sich aufdrängen, nehmen Sie ein lizenziertes Taxi am Stand oder eine Limousine mit Festpreisen.

9 Bettler

Betteln ist in British Columbia verboten. Dennoch kommt es immer wieder vor. An Ampeln wird manchmal gegen Geld das Waschen der Windschutzscheibe angeboten. Die Stadtverwaltungen von Vancouver und Victoria raten davon ab, Bettlern Geld zu geben.

10 Prostituierte

In Vancouver bieten Prostituierte beiderlei Geschlechts ihre Dienste an, vor allem im Osten der Downtown. Da sie häufig drogenabhängig sind, steigt das Risiko einer HIV-Infektion. Die Stadt versucht, das Leben der Prostituierten zu verbessern und die Prostitution stärker zu kontrollieren – dennoch bleibt die Zahl der Prostitutierten unverändert hoch.

In und um Vancouver & Victoria sollten Sie Ihr Fahrrad stets mit einem guten Schloss sichern.

Links **Flugzeug im Steigflug** Rechts **Verkehr in Vancouvers Downtown**

TOP 10 Anreise

1 Hauptflughäfen

Der internationale Flughafen von Vancouver hat je einen Terminal für In- und Auslandsflüge. In Victoria werden alle Flüge über einen Terminal abgewickelt. An beiden Flughäfen gibt es kostenlose Kofferkulis. *Vancouver Airport Information: 604 207 7077, www.yvr.com* *Victoria Airport Information: 250 953 7500, www.victoriaairport.com*

2 Einreise

Bei internationalen Flügen werden im Flugzeug Einreise- und Zollformulare verteilt. Bei der Ankunft muss man seinen Reisepass vorzeigen und dem kontrollierenden Beamten in der Regel einige Fragen beantworten.

3 Vancouver: Vom Flughafen in die Stadt

Vancouvers Flughafen liegt 24 Kilometer südlich der Innenstadt. Am Flughafen stehen Taxis, Limousinen und Mietwagen zur Verfügung. Die Züge der Schnellbahnlinie Canada Line fahren in 26 Minuten vom Flughafen nach Downtown, die Fahrt nach Richmond dauert 18 Minuten. Bus 424 fährt von Ebene 1 des Inlandterminals zum Delta Hotel. Von dort fahren Busse nach Vancouver, Richmond und zu anderen Orten. *Canada Line: 604 673 6230, www.thecanadaline.com* *TransLink: 604 953 3333, www.translink.bc.ca*

4 Victoria: Vom Flughafen in die Stadt

Victorias Flughafen liegt 22 Kilometer nördlich der Stadt. Er wird von der Buslinie 70 bedient. Auch Taxis, Limousinen und Mietwagen stehen bereit. Der Akal Airporter fährt alle 30 Minuten die großen Hotels in Victoria an. *Victoria Regional Transit: 250 382 6161, www.transitbc.com* *Akal Shuttle: 250 386 2525, www.victoriaairportshuttle.com*

5 Mietwagen

Am Flughafen von Vancouver betreiben die meisten Mietwagenfirmen Niederlassungen im Erdgeschoss des Flughafenparkhauses. Wenn Sie selbst in die Innenstadt fahren, müssen Sie daran denken, dass ein Abschnitt der Granville Street für den Privatverkehr gesperrt ist. Auch am Flughafen von Victoria betreiben Mietwagenfirmen Filialen.

6 Mit dem Bus

Greyhound-Busse aus den USA und anderen Teilen Kanadas kommen an der Pacific Central Station (1150 Station St, Vancouver) an. *Greyhound: 1 800 661 8747, www.greyhound.ca*

7 Flüge ab Downtown Vancouver

Vom kleinen Coal Harbour Airport in Downtown fliegt West Coast Air nach Victoria und Nanaimo, Harbour Air Seaplanes zu den Gulf Islands. Helijet bietet tägliche Flüge mit zwölfsitzigen Hubschraubern nach Victoria an. *West Coast Air & Harbour Air: 604 274 1277* *Helijet International: 604 273 4688*

8 Mit dem Zug

Vancouvers Hauptbahnhof ist die Pacific Central Station (1150 Station Street). VIA Rail fährt Ziele in Kanada an, Amtrak-Cascades-Züge verbinden Vancouver täglich mit Seattle (Washington), Portland und Eugene (Oregon). *VIA Rail: 1 888 842 7245, www.viarail.ca* *Amtrak: 1 800 872 7245, www.amtrak.com*

9 Mit dem Schiff

Zwischen Seattle, Vancouver und Victoria verkehren zahllose Fähren. BC Ferries verbindet Vancouver mit Victoria, den Gulf Islands und Nanaimo. Kreuzfahrtschiffe legen am Canada Place *(siehe S. 12)* an, Ausflugsboote in den vielen Marinas der Region. Auskünfte erteilt Tourism BC. *BC Ferries: 1 888 223 3779, www.bcferries.com* *Tourism BC: 1 800 435 5622, www.hellobc.com*

10 Mit dem Auto

Die Interstate 5 durch den US-Staat Washington wird in Kanada zum Highway 99 nach Vancouver und Whistler. Das Monument International Peace Arch steht direkt auf der Grenzlinie.

An den Serviceständen auf der Ankunftebene im Flughafen von Vancouver gibt es kostenlose Busfahrpläne für Vancouver & BC.

Links **Vancouvers SkyTrain** Rechts **Taxi vor dem Opus Hotel, Vancouver**

TOP 10 In Vancouver & Victoria unterwegs

1 Busse & SeaBus

Greater Vancouver ist durch das öffentliche Busnetz (TransLink) gut erschlossen. Bitten Sie den Fahrer um eine Transfer-Karte zum Umsteigen in SkyTrain oder SeaBus (die Katamarane queren in zwölf Minuten den Hafen). Das Victoria Regional Transit System betreibt ein großes Busnetz in Victoria. *Vancouver Routeninfo: 604 953 3333; www.translink.bc.ca* *Victoria Routeninfo: 250 382 6161*

2 SkyTrain

Vancouvers SkyTrain fährt überwiegend oberirdisch. Zu den Stadtbahnen gehört auch die Canada Line mit 16 Stationen. Sie verbindet Downtown mit dem Vancouver International Airport und Richmond. Fahrkarten gelten 90 Minuten und ermöglichen Rundfahrten sowie den Umstieg (Transfer) in Busse und den SeaBus.

3 Fahrpreise

Vancouvers TransLink-System hat drei Tarifzonen, die an Werktagen nach 18.30 Uhr und am Wochenende zu einer Zone verschmelzen. Victorias Nahverkehrssystem hat zwei Tarifzonen. In beiden Städten verkaufen die Busfahrer keine Fahrkarten und wechseln kein Geld – wer kein Ticket besitzt, muss den Fahrpreis passend in bar bereithalten. Günstiger sind Tageskarten und Hefte mit zehn Fahrkarten, die an den Bahnhöfen der SkyTrains (Vancouver) sowie in Mini- und Supermärkten erhältlich sind. Kinder (5 bis 13 Jahre), behinderte Reisende, Senioren und Studenten mit Ausweis erhalten Ermäßigungen. In Vancouver fahren Kinder unter vier, in Victoria unter sechs Jahren kostenlos.

4 Taxis

In Vancouver fahren so viele Taxis, dass man in der Regel eines an der Straße aufhalten kann. In Victoria ordert man Taxis besser telefonisch.

5 Fähren

Fähren nach Victoria und zu den Gulf Islands fahren von Tsawwassen ab, nach Nanaimo, Bowen Island und zur Sunshine Coast von der Horseshoe Bay. Fahrräder werden kostenlos transportiert. Zu Stoßzeiten sollte man reservieren. *Fähreninformation: 1 888 223 3779 in BC, 250 386 3431 außerhalb von BC, www.bcferries.com*

6 Zu Fuß

Die Zentren von Vancouver und Victoria erkundet man am besten zu Fuß. Der Südteil des False Creek Seawalk *(siehe S. 71)* führt vom Vanier Park *(siehe S. 78)* an Stränden vorbei zu den Spanish Banks, zur University of British Columbia *(siehe S. 85)* und weiter. In Victoria eröffnet der Inner Harbour *(siehe S. 95)* Blick auf historische Gebäude.

7 HandyDART

Victoria und Vancouver bieten einen Fahrdienst für Menschen, die das öffentliche Verkehrsnetz nicht benutzen können. Hierfür muss man sich mindestens zehn Tage im Voraus anmelden. *HandyDART: Vancouver: 604 575 6600, Victoria: 250 727 7811*

8 Radfahren

Für Radfahrer gelten die üblichen Verkehrsregeln und Helmpflicht. Das Fahren auf Gehsteigen ist verboten. In SkyTrain und SeaBus darf man Räder in Nebenzeiten mitnehmen. Die Busse beider Städte haben auf vielen Linien Fahrradständer.

9 Autofahren

Gute Stadtpläne sind vor allem in Vancouver erforderlich. In der Rushhour sind die Highways 1 und 99 verstopft *(siehe S. 105)*, an der Innenstadt führen keine Tangenten vorbei. Rechtsabbiegen an roten Ampeln ist in British Columbia erlaubt, solange es kein Schild verbietet.

10 Bootsfahrten

Zu Bootsausflügen im Howe Sound und im Victoria Harbour erteilen die Informationsbüros in Vancouver und Victoria Auskunft. *Tourism Vancouver: Visitor Centre: Plaza Level, 200 Burrard St, 604 683 2000, www.tourismvancouver.com* *Tourism Victoria: 812 Wharf St, 250 953 2033, www.tourismvictoria.com*

Informationen zu öffentlichen Verkehrsmitteln: Vancouver: Tel. 604 953 3333; Victoria: Tel. 250 382 6161

Links **Kostenlose Aktivitäten im Freien, English Bay** Rechts **Die preiswerte Fähre SeaBus**

TOP 10 Vancouver & Victoria für wenig Geld

1 Sehenswürdigkeiten

Im Tourism Vancouver Information Centre kann man Eintrittskarten zu Sehenswürdigkeiten mit bis zu 40 Prozent Nachlass kaufen. Tourism Victoria bietet Gutscheinhefte an. *Touristinfo Centre Vancouver: Plaza Level, 200 Burrard St, 604 683 2000* *Tourism Victoria: 812 Wharf St, 250 953 2033*

2 Preiswert shoppen

In Chinatown und am Commercial Drive *(siehe S. 55)* gibt es ungewöhnliche Souvenirs, an der Main Street Secondhand- und individuelle Designerware für wenig Geld. In Victoria können Sie bei Capital Iron (1900 Store Street) Sammlerstücke, im Value Village (1810 Store Street) günstige Secondhandmode und Haushaltswaren ergattern.

3 Günstig unterwegs

In Vancouver und Victoria lohnen Tageskarten für das gesamte Bus- und Bahnnetz oder die Heftchen mit zehn Fahrkarten zum Preis von acht *(siehe S. 107)*.

4 Spaß im Freien

Das milde Wetter in Vancouver und Victoria lockt das ganze Jahr nach draußen. Von den Wegen durch den Stanley Park *(siehe S. 8–11)* bis zum Aufstieg auf den Grouse Mountain *(siehe S. 86)* finden Sie in Vancouver Routen für alle Fitnessgrade. Mieten Sie ein Fahrrad, kaufen Sie einen Drachen oder beobachten Sie mit Fernglas und Führer ausgestattet am Strand die Vögel. Sport und Unterhaltung finden Sie kostenlos auch an der Promenade am Inner Harbour von Victoria *(siehe S. 95)*.

5 Literatur

Die Termine von Vancouvers und Victorias Literaturveranstaltungen finden Sie im Queue-Teil der *Vancouver Sun*, im kostenlosen Wochenblatt *The Georgia Straight* und in Victorias *Monday Magazine*. Cafés, Büchereien und Buchläden organisieren Lesungen und Poetry-Slams. Book Warehouse in Vancouver und Munro's in Victoria *(siehe S. 112)* führen günstige Bücher.

6 Eintritt

Die Vancouver Art Gallery *(siehe S. 18f)* erbittet dienstags (17–21 Uhr) eine Spende als Eintritt. Dienstags ist der Eintritt im UBC Museum of Anthropology *(siehe S. 16f)* ab 17 Uhr ermäßigt. Von Ende Mai bis September sind Führungen im Parlament in Victoria *(siehe S. 95)* gratis.

7 Veranstaltungen

In Vancouver verkauft Tickets Tonight im Tourism Vancouver Information Centre Karten für Shows am selben Tag zum halben Preis. Einige Theater bieten für Matineen und Proben zwei Karten zum Preis von einer an. Das Vancouver Playhouse *(siehe S. 42)* verkauft eine Stunde vor der Aufführung ermäßigte Karten. Die Victoria Symphony gewährt mit der Rechnung bestimmter Restaurants Ermäßigungen. *Tourism Vancouver Information Centre: 200 Burrard St, 604 683 2000* *Victoria Symphony: 250 385 6515*

8 Mini-Kreuzfahrten

Fahrten mit den BC Ferries sind, vor allem zu den südlichen Gulf Islands, wie günstige kleine Kreuzfahrten. Fahren Sie in Vancouver unbedingt mit dem SeaBus oder einer False-Creek-Fähre *(siehe S. 107)*. *BC Ferries: 1 888 223 3779; www.bcferries.bc.ca*

9 Essen

Einfaches, gutes und günstiges asiatisches Essen findet man in Vancouver überall, in Victoria am besten in Chinatown. In Vancouver verkaufen Imbissstände leckere Sandwiches mit Schweinefleisch oder Heilbutt.

10 Uni-Angebote

Die Simon Fraser University und die University of British Columbia *(siehe S. 85)* bieten Konzerte, Vorträge und Veranstaltungen mit freiem oder geringem Eintritt. Der Eintritt im Cinecenta in der University of Victoria ist günstig. Das Programm können Sie im Internet einsehen. *www.sfu.ca* *www.ubc.ca* *www.cinecenta.com*

Im Sommer bietet das Architectural Institute of BC Führungen durch Victoria und Vancouver: 604 683 8588 **www.aibc.ca**

Links **Vancouver Trolley** Rechts **Schild des Tourism Vancouver Visitor Centre**

TOP 10 Ausflüge

1 Stadtführungen

Informative Führungen durch Vancouvers Chinatown bietet das Chinese Cultural Centre, die alte Gastown wird bei den Führungen der Gastown Business Improvement Society (GBIS) wieder lebendig. Walkabout Historic Vancouver organisiert Führungen durch die Downtown, Granville Island und Gastown. ✆ *Chinese Cultural Centre: 604 658 8880* ✆ *GBIS: 604 683 5650* ✆ *Walkabout Historic Vancouver: 604 720 0006*

2 Stadtrundfahrten

In Vancouver dauert eine Stadtrundfahrt mit modernen Bussen, die wie alte Trambahnwagen gestaltet sind, zwei Stunden. Unterwegs kann man an 23 Haltestellen beliebig ein- und aussteigen. ✆ *Vancouver Trolley: 604 801 5515*

3 Zugfahrten

Die Transkontinentallinie von VIA Rail verwöhnt mit gemütlichen Schlafwagen, guter Küche und aufmerksamem Personal. Die spektakulären Zwei-Tages-Fahrten von Rocky Mountaineer Vacations führen von Vancouver in die Rocky Mountains. ✆ *Rocky Mountaineer Vacations: 604 606 7245 oder 1 877 460 3200* ✆ *VIA Rail: 1 888 842 7245*

4 Busfahrten

Die Luxusbusse von Gray Line fahren durch Victoria und Butchart Garden, in Vancouver betreibt die Firma offene Doppeldeckerbusse. Die Fahrkarten gelten zwei Tage. West Coast City & Nature Sightseeing bietet Minibustouren in die Natur und einen täglichen Shuttledienst nach Whistler an. ✆ *Gray Line Victoria: 1 800 663 8390, www.grayline vancouver.ca* ✆ *West Coast City & Nature Sightseeing: 604 451 1600*

5 Führungen der First Nations

Die Küsten-Salish bieten von Mai bis Oktober zweistündige Fahrten für zwölf Personen aller Altersstufen in einem traditionellen, seegängigen Kanu und Kajaktouren an. Ihre Legenden und Lieder schildern die zauberhafte Natur des Burrard Inlet und die reiche Kultur der First Nations der Nordwestküste. ✆ *Takaya Tours: 604 904 7410*

6 Wale beobachten

Wild Whales Vancouver fährt zu den Orcas, Schweinswalen, Robben und anderen Tieren von Vancouver bis zum Gulf of Georgia und weiter. In den Schlauchbooten von Vancouver Whale Watch fahren Naturforscher mit. Steveston Seabreeze Adventures fährt mit größeren Booten vom Fraser River zu den Gulf Islands. ✆ *Steveston Seabreeze Adventures: 604 272 7200* ✆ *Vancouver Whale Watch: 604 274 9565* ✆ *Wild Whales Vancouver: 604 699 2011*

7 Kutschfahrten

Von März bis November fahren Kutschen, die bis zu 20 Passagiere fassen, durch den Stanley Park. In Victoria werden einstündige Touren u. a. zum Beacon Hill Park angeboten. ✆ *Stanley Park: 604 681 5115, www. stanleyparktours.com* ✆ *Victoria Carriage Tours: 1 877 663 2207*

8 Radtouren

Bei Radwanderungen, Mountainbiketouren und Sportabenteuern in kleinen Gruppen mit Führern aus der Region sind gute Küche, Baden in heißen Quellen und luxuriöse Begleitwagen inklusive. ✆ *Rocky Mountain Cycle Tours: 604 898 8488 oder 1 800 661 2453, www. rockymountaincycle.com*

9 Golf in Whistler

Eagle Tours organisiert Unterkunft, Transport und Spielzeiten auf den fünf Turniergolfplätzen in Whistler. Sie selbst müssen nur noch spielen. ✆ *Eagle Tours: 604 905 4035 oder 1 888 793 9222*

10 Rafting

Auf den Wildwassern von Fraser, Thompson und Nahatlatch River jagen ein- bis sechstägige Raftingtouren in unterschiedlichen Schwierigkeitsgraden das Adrenalin in die Höhe. Übernachtet wird im Zelt oder in einer Pension in Yale. ✆ *Fraser River Raft Expeditions: 1 800 363 7238*

Informationen & Angebote **www.tourismvancouver.com, www.tourismvictoria.com & www.tourismwhistler.com**

Links **Telefonzellenschild** Mitte **Tickets Tonight, Schild** Rechts **Rollstuhlzugang**

TOP 10 Information

1 Zeitungen, Radio & TV

Vancouver Sun, Vancouver Province sowie die überregionalen *Globe and Mail* und *National Post* sind in Vancouver weitverbreitet. Beliebte Radiosender sind NEWS 1130 (AM 1130), The FOX (FM 99,3) und QMFM (FM 103,5). Beliebte TV-Sender sind CBC, CTV, Bravo, CityTV und Knowledge Network.

2 Veranstaltungshinweise

The *Georgia Straight* ist gratis und liegt in Vancouvers Cafés, Bars und Buchläden sowie in Zeitungskästen aus. Tickets Tonight im Tourist Infocentre *(siehe S. 108)* verkauft ermäßigte Tickets für Veranstaltungen desselben Tages. *www.straight.com*

3 Währung

Ein Kanadischer Dollar sind 100 Cent. Im Umlauf sind Münzen im Wert von 1, 5, 10 und 25 Cent sowie 1 und 2 Dollar. Banknoten gibt es zu 5, 10, 20, 50 und 100 Dollar. Bei der Ankunft sollte man mindestens 100 Dollar in Kleingeld für Trinkgelder und Verkehrsmittel mitbringen.

4 Steuern

Die ausgezeichneten Preise enthalten in der Regel keine Steuer. Hinzu kommen zwölf Prozent Harmonized Sales Tax (HST). Einige Hotels veranschlagen zusätzlich zwei Prozent Municipal and Regional District Tax (MRDT). Einige Steuern werden bei der Ausreise erstattet.

5 Websites

Das Internet bietet viele Informationen über Vancouver und Victoria. *www.vancouver.ca* *www.tourismvancouver.com* *www.tourismvictoria.com* *www.tourismwhistler.com*

6 Telefon & Handy

Öffentliche Telefone funktionieren mit Münzen und Telefonkarten, die in Mini-Märkten erhältlich sind. Ortsgespräche kosten 25 Cent. Im Großraum Vancouver wählt man vor der Rufnummer die 604, bei Ferngesprächen innerhalb von British Columbia die Vorwahlen 604 oder 250. Bei Auslandsgesprächen folgen auf die 011 die Landes- und Ortsvorwahl (ohne führende Null) und die Rufnummer. Für mobiles Telefonieren ist ein Tri- oder Quadband-Handy erforderlich.

7 Feiertage

An New Year's Day (1. Jan), Good Friday und Easter Monday (Apr), Victoria Day (Mo vor dem 25. Mai), Canada Day (1. Juli), BC Day (1. Mo im Aug), Labour Day (1. Mo im Sep), Thanksgiving (2. Mo im Okt), Christmas Day (25. Dez) und Boxing Day (26. Dez) sowie am Remembrance Day (11. Nov) bleiben Banken und Behörden geschlossen.

8 Barrierefreiheit

Erkundigen Sie sich vorab, ob Sehenswürdigkeiten und Ämter für behinderte Reisende zugänglich sind. SkyTrain und SeaBus sind barrierefrei, alle SkyTrain-Bahnhöfe haben Aufzüge. In Vancouver und Victoria sind die Busse vieler Linien für Rollstuhlfahrer eingerichtet *(siehe S. 107)*.

9 Konsulate

Deutschland, Österreich und die Schweiz haben Konsulate in Vancouver *(siehe Kasten)*.

10 Alkohol

Alkoholgenuss ist in British Columbia unter 19 Jahren und an öffentlichen Orten verboten.

Konsulate

Deutsches Generalkonsulat
World Trade Center, 999 Canada Place, Vancouver, BC, V6C 3E1
• *604 684 8377*
• *www.vancouver.diplo.de*

Österreichisches Honorargeneralkonsulat
1160–595 Howe Street, Vancouver, BC, V6C 2T5
• *604 687 3338*

Schweizer Generalkonsulat
World Trade Center, 999 Canada Place, Vancouver, BC, V6C 3E1
• *604 684 2231*
• *www.eda.admin.ch/vancouver*

Der Dienst Deutschland Direkt für R-Gespräche in das deutsche Festnetz: 1 800 465 0049.

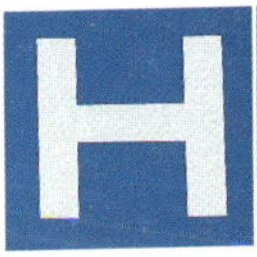

Links **Krankenhausschild** Mitte **Polizeiauto** Rechts **Rauchverbotsschild**

TOP 10 Sicherheit & Gesundheit

1 Sicherheit im Hotelzimmer

An den Zimmertüren sind Pläne mit dem Fluchtweg im Brandfall angebracht. Sperren Sie die Tür stets ab, wenn Sie im Zimmer sind, und lassen Sie keine Fremden ein. Alleinreisende Frauen sollten sich vor der Buchung erkundigen, ob das Hotel für Frauen reservierte Etagen besitzt.

2 Lebensmittel

Die meisten Lokale und Feinkostläden Vancouvers und Victorias werden regelmäßig von Gesundheitsbeamten kontrolliert. Die Berichte finden Sie im Internet. ✆ *www.foodinspectionweb.vcha.ca*

3 Notfälle

Für Notfälle sind folgende Rufnummern verfügbar: ✆ *Polizei, Feuerwehr & Notarzt: 911*
✆ *Vancouver Police Department: 604 717 3321*
✆ *Victoria Police Department: 250 995 7654*
✆ *HealthLink BC: 811*
✆ *VictimLINK: 1 800 563 0808*

4 Öffentliche Verkehrsmittel

Nachts werden an Vancouvers SkyTrain-Bahnsteigen ausgewiesene Wartezonen empfohlen. Die meisten Buslinien in Victoria und Vancouver und einige regionale Linien haben Bedarfshaltestellen (Request Stop), an denen Frauen zwischen den regulären Haltestellen aussteigen können. Geben Sie dem Fahrer mindestens eine Haltestelle zuvor Bescheid und steigen Sie vorn aus. Die hintere Tür bleibt geschlossen, sodass Ihnen niemand folgen kann.

5 Eigene Sicherheit

Planen Sie ihre Touren mit einem zuverlässigen Stadtplan. Vermeiden Sie nachts dunkle Orte *(siehe S. 105)*, besonders wenn Sie allein unterwegs sind. Zur Sicherheit sollten Sie stets genügend Bargeld für ein Taxi dabeihaben.

6 Krankenhäuser mit Notaufnahme

Folgende Krankenhausnotaufnahmen sind 24 Stunden geöffnet: ✆ *Vancouver: Children's Hospital, 4480 Oak St, 604 875 2345 • Lion's Gate Hospital, 231 E 15th St, 604 988 3131 • St Paul's Hospital, 1081 Burrard St, 604 682 2344 • Vancouver General, 899 W 12th Ave, 604 875 4111* ✆ *Victoria: Royal Jubilee Hospital, 1952 Bay St, 250 370 8000; 1 Hospital Way, 250 727 4212*

7 Zahnärztlicher Notdienst

Die BC Dental Association vermittelt während der regulären Praxiszeiten Zahnärzte. Außerhalb dieser Zeiten können Sie ein Krankenhaus aufsuchen. ✆ *British Columbia Dental Association: 604 736 7202*

8 Rauchen

In Vancouver ist das Rauchen nur in ausgewiesenen Zonen erlaubt, in Restaurants, Bars, Clubs, Parks und an Stränden ist es verboten.

9 Apotheken

Viele Apotheken in Vancouver und Victoria haben mindestens von 9 bis 21 oder 22 Uhr geöffnet. In Vancouver sind drei Shoppers Drug Marts rund um die Uhr geöffnet, am zentralsten liegt der in der Davie Street ✆ *Vancouver: Shoppers Drug Mart, 1125 Davie St, 604 669 2424* ✆ *Victoria: London Drugs, 911 Yates St, 250 360 0880*

10 Diebstahl

Lassen Sie Bargeld niemals offen herumliegen. Auch wenn Sie Ihr Hotelzimmer nur kurz verlassen, sollten Sie Wertsachen und Dokumente im Zimmersafe einschließen. Ist keiner vorhanden, sollten Sie sie im Hotelsafe verwahren.

Kreditkartenverlust

Allgemeine Notrufnummer
• *01149 116 116*
• *www.116116.eu*

American Express
• *1 800 869 3016*

Diners Club
• *1 800 363 3333*

MasterCard
• *1 800 307 7309*

Visa
• *1 800 847 2911*

Maestro-/EC-Karte
• *01149 69 74 09 87*

Den ADAC-Notruf erreichen Sie in Kanada unter der Nummer 1 888 222 1373.

Links **Georgia Street Rotunda, Pacific Centre** Rechts **Backpackers Shop**

TOP 10 Shopping-Tipps

1 Öffnungszeiten
Die meisten Läden sind montags bis samstags von 10 bis 18 Uhr geöffnet, donnerstags auch länger. Kaufhäuser und Läden in Shopping-Centern können montags bis samstags bis 21 Uhr und sonntags von 11 bis 17 Uhr geöffnet sein. Viele Läden sind am 1. Jan, am 1. Juli, am Labour Day, an Thanksgiving und am 25. Dez geschlossen.

2 Kreditkarten
MasterCard, American Express und Visa sind weitverbreitet, Diner's Club wird hingegen seltener akzeptiert.

3 Ausverkauf & Umtausch
Am Boxing Day (26. Dez) werden viele Schnäppchen angeboten. Ermäßigte Waren werden nicht zurückgenommen oder nur umgetauscht – manchmal gilt Letzteres auch für Einkäufe zum vollen Preis. Fragen Sie vor dem Kauf.

4 Kaufhäuser
Vancouvers Kaufhäuser Sears und The Bay bieten einfach alles. Holt Renfrew führt teure Mode und Accessoires. The Bay ist auch im Bay Centre in Victoria vertreten. ✎ *Holt Renfrew: Pacific Centre, 737 Dunsmuir St • Karte K3* ✎ *Sears: Pacific Centre, 701 Granville St • Karte K3* ✎ *The Bay: 647 Granville St, Vancouver • Karte K3* ✎ *The Bay: 1150 Douglas St, Victoria • Karte P2*

5 Shopping-Malls
In der Downtown liegen Vancouvers größtes Shopping-Center Pacific Centre *(siehe S. 55)*, das Sinclair Centre *(siehe S. 54)* und Metrotown *(siehe S. 55)*. Zum Bay Centre in Victoria gehören über 80 Läden. Die Läden des Market Square befinden sich in historischen Altbauten. ✎ *Bay Centre: 1150 Douglas St • Karte P2* ✎ *Market Square: 560 Johnson St • Karte P2*

6 Musikläden
HMV bietet die größte Auswahl an CDs und DVDs in der Stadt. LPs findet man bei Neptoon Records. In Victoria verkauft Lyle's Place neue und gebrauchte CDs von Jazz bis Punkrock. ✎ *HMV: 788 Burrad St Ecke Robson • Karte J3* ✎ *Magic Flute: 2203 W 4th Ave • Karte B2* ✎ *Neptoon Records: 3561 Main St • Karte B2* ✎ *Lyle's Place: 770 Yates St • Karte Q2*

7 Buchhandlungen
In den Filialen von Chapters und Book Warehouse findet man eine gute Auswahl, MacLeod's führt antiquarische Bücher zu Kanada und Geschichte. Duthie Books ist auf Gegenwartsliteratur spezialisiert, Kidsbook auf Kinderbücher. In Victoria hat Munro's eine gute Auswahl. ✎ *Book Warehouse: 550 Granville St • Karte K3* ✎ *Chapters: 788 Robson St • Karte K4* ✎ *Duthie Books: 2239 W 4th Ave • Karte B2* ✎ *Kidsbooks: 3083 W Broadway • Karte A2* ✎ *MacLeod's: 455 W Pender St • Karte L3* ✎ *Munro's: 1108 Government St • Karte P2*

8 Alkohol
Alkohol wird ausschließlich in staatlichen Spirituosenläden, in Läden mit Weinen aus British Columbia (mit VQA-Siegel), von privaten Weinhändlern und in Cold Beer Stores verkauft. ✎ *Liquor Store: 1120 Alberni St • Karte J3* ✎ *Village VQA Wines: 3536 W 41st Ave • Karte A2* ✎ *Wine Barrel: 644 Broughton St, Victoria • Karte P3*

9 Mini-Märkte
In Vancouver und Victoria sieht man überall kleine Läden, die Zigaretten, Toilettenartikel, kalte Getränke, Snacks und Lotteriescheine verkaufen. In einigen bekommt man auch Fahrkarten.

10 Souvenirs
Nehmen Sie einige Produkte aus der Region als Mitbringsel mit. Besonderheiten sind etwa Lachskandis (geräucherter Lachs in Ahornsirup) aus Salmon Village *(siehe S. 72)*, kunstvoll geblasenes Glas und Glasflaschen von Granville Island *(siehe S. 20)* oder indianische Bugholzschachteln aus der Coastal Peoples Fine Art Gallery in Vancouver. ✎ *Coastal Peoples Fine Art Gallery: 1024 Mainland St • Karte K5*

➔ *Shopping* **siehe S. 54f**

Links **Zimmer im Pacific Palisades Hotel** Rechts **Weine im Restaurant Don Francesco**

TOP 10 Hotel- & Restaurant-Tipps

1 Hotelsteuern
In British Columbia gilt für die meisten Waren und Dienstleistungen die Harmonized Sales Tax (HST) von zwölf Prozent. Einige Hotels erheben zusätzlich zwei Prozent Regional District Tax *(siehe S. 110)*. Die Steuern sind in den angegebenen Zimmerpreisen meist nicht enthalten.

2 Zimmer
Die meisten Hotelzimmer sind gut ausgestattet und geräumig. Es sind Einzelzimmer, Doppelzimmer und Zimmer mit getrennten Einzelbetten verfügbar. Lärmempfindliche sollten Zimmer buchen, die nicht neben einem Aufzug oder Automaten liegen. In den Hotels von Vancouver, Victoria und Whistler liegt der Anteil der Raucherzimmer höchstens bei 15 Prozent.

3 Standardpreise
Die Hotelpreise richten sich nach der Hotelkategorie, dem Wochentag und der Saison. Am Wochenende und von April bis Dezember gelten Höchstpreise. In diesem Reiseführer sind Standardpreise angegeben. Meist erhält man günstigere Preise, besonders bei Buchungen im Internet. Für Senioren, Mitglieder von Automobilclubs und von Elderhostel werden oft Rabatte angeboten. Erkundigen Sie sich bei der Buchung nach speziellen Ermäßigungen und vergessen Sie die hierfür benötigten Nachweise und Mitgliedskarten nicht.

4 Portiers
In mittleren und großen Hotels kümmern sich Portiers um die Bedürfnisse und Wünsche der Gäste. Sie besorgen Karten für Veranstaltungen, reservieren Tische in Restaurants, arrangieren Transporte und können hilfreiche Tipps geben.

5 Versteckte Kosten
Manche Hotels bieten kostenlose Parkplätze an, in Innenstadthotels kann das Parken dagegen kostspielig sein. Erkundigen Sie sich nach den Gebühren (mit Steuern). Telefonate vom Hotelzimmer sowie Getränke und Snacks aus der Minibar können teuer werden. Die Kosten summieren sich schnell und erscheinen auf der Zimmerrechnung.

6 Reservierungen in Restaurants
Die meisten Restaurants nehmen Reservierungen an. Am besten reservieren Sie in beliebten Lokalen bereits bei der Ankunft oder sogar vor der Reise. Geben Sie spezielle Bedürfnisse, z. B. bei Diäten oder Allergien, an. Reservierungen, die Sie nicht einhalten können, sollten Sie stornieren.

7 Trinkgeld
Die Rechnung enthält in der Regel kein Trinkgeld, außer bei Gruppen aus sechs oder mehr Personen. In Restaurants, Cafés und Clubs sind 15 Prozent des Vorsteuerpreises als Trinkgeld angebracht. Als Richtschnur verwendet man den Steuerbetrag der Rechnung. Der Barkeeper erhält ein bis zwei Dollar, der Portier und Hotelpage mindestens einen Dollar pro Tasche und Koffer, Garderobiers einen Dollar pro Kleidungsstück und Zimmermädchen mindestens ein bis zwei Dollar pro Tag. Auch der Türsteher sollte ein, zwei Dollar für seine Dienste erhalten.

8 Etikette
Jackett und Krawatte sind in fast keinem Restaurant nötig. Für viele Gäste sind sie jedoch, vor allem in exklusiven Lokalen, der besonderen Gelegenheit angemessen. In einige Clubs werden Sie mit Turnschuhen und Jeans nicht eingelassen.

9 Mobiltelefone
In den meisten Restaurants gilt es als unhöflich, mit dem Handy Telefonate zu führen.

10 Essenszeiten
In Restaurants und Cafés wird in der Regel von 6 bis 10 Uhr Frühstück serviert, Mittagessen von 11.30 bis 14 Uhr und Abendessen von 17 bis 22 Uhr. In vielen Pubs und Restaurants gibt es eine besondere Speisekarte für den späten Abend. Brunch wird häufig nur am Wochenende oder sogar nur sonntags angeboten, meist von 11 bis 14 Uhr, manchmal auch darüber hinaus.

Die Hotelpreise sind im Winter häufig niedriger, nicht jedoch in der Zeit um Weihnachten und Neujahr.

Links **Sylvia Hotel** Rechts **Lobby, Inn at False Creek**

TOP 10 Preisgünstige Hotels

1 Sylvia Hotel, Vancouver

Das West-End-Hotel ist bekannt für seine ungezwungene, aber elegante Atmosphäre und die herrliche Lage an der English Bay. Einige Zimmer sind winzig, sehr attraktiv sind die Lounge und das Restaurant mit Blick auf das Wasser. Haustiere sind willkommen. Es gibt überdachte Parkplätze. *1154 Gilford St • Karte G2 • 604 681 9321 • www.sylviahotel.com • $$*

2 Oceanside Hotel, Vancouver

Das Hotel in einer ruhigen Seitenstraße nahe English Bay und Stanley Park ist eine freundliche Oase im Herzen des West End. Es gibt Ein- und Mehrzimmer-Apartments sowie kostenlose Parkplätze. *1847 Pendrell St • Karte G2 • 604 682 5641 • www.oceanside-hotel.com • $$*

3 Inn at False Creek, Vancouver

Das moderne, makellose Hotel im Santa-Fe-Stil bietet große, gut ausgestattete Zimmer und Suiten und liegt wenige Schritte vom Zentrum und Granville Island entfernt. *1335 Howe St • Karte J4 • 604 682 0229 • www.innatfalsecreek.com • $$*

4 Sandman Suites on Davie, Vancouver

Das Hochhaus im West End bietet Suiten mit Wohn- und Schlafraum, Küche, Waschmaschine, Trockner, Balkon und Bettsofa im Wohnraum plus eine herrliche Aussicht auf die English Bay aus vielen Zimmern. Es gibt eine Tiefgarage. *1160 Davie St • Karte H4 • 604 681 7263 • www.sandmanhotels.com • $$$*

5 Ramada Inn an Suites Downtown, Vancouver

Das mit Art-déco-Elementen versehene Hotel liegt in der Nähe von Clubs, Läden und vielen Sehenswürdigkeiten. Die Zimmer verfügen über Klimaanlagen. Gegen Gebühr darf man Haustiere mitbringen. *1221 Granville St • Karte J4 • 604 685 1111 • www.ramadavancouver.com • $$*

6 Greenbrier Hotel, Vancouver

Das in der Robson Street großartig gelegene Hotel bietet Suiten mit Schlafraum und Küche. Kaffee und Parkplätze sind kostenlos. *1393 Robson St • Karte J3 • 604 683 4558 • www.greenbrierhotel.com • $$*

7 Buchan Hotel, Vancouver

Das dreigeschossige Haus von 1926 gefällt mit gutem Preis-Leistungs-Verhältnis, Zimmern im europäischen Stil und der unmittelbaren Nähe zum Stanley Park. Die Lounge besitzt einen offenen Kamin. *1906 Haro St • Karte H2 • 604 685 5354 • www.buchanhotel.com • $*

8 Best Western Chateau Granville, Vancouver

Das Hotel mit 15 Stockwerken ist beliebt bei Gästen, die sowohl auf den Preis als auch auf die Lage achten. Zur Auswahl stehen vor allem Suiten mit einem Schlafraum, es gibt aber auch einige kleinere Standardzimmer. Die Suiten sind mit Mikrowellengeräten und WLAN ausgestattet. Der bewachte Parkplatz ist gebührenpflichtig. *1100 Granville St • Karte J4 • 604 669 7070 • www.chateaugranville.com • $$$*

9 Traveller's Inn, Victoria

Das Haus der preiswerten Kette ist für die gemütlichen Zimmer und für den exzellenten Service bekannt. Das Personal ist freundlich und hilfsbereit. Weitere Filialen liegen z. B. in Downtown und im Zentrum. Die Parkplätze sind kostenlos. *250 477 1000 • www.victoriatravellersinn.com • $$*

10 Admiral Inn, Victoria

Das Haus ist beliebt bei Familien, Senioren und allen, die ein bezahlbares Zimmer mit Blick auf den Inner Harbour suchen. Das von einer Familie betriebene Gästehaus bietet makellose Zimmer sowie kostenlose Leihräder und Parkplätze. *257 Belleville St • Karte N4 • 250 388 6267 • www.admiral.bc.ca • $$$*

Unterkünfte in British Columbia
www.britishcolumbia.com/Accommodation

Granville Island Hotel

Preiskategorien

Preis für ein Standard-Doppelzimmer pro Nacht mit Frühstück (falls inklusive), Steuern und Service.

$	unter 100 $
$$	100–150 $
$$$	150–200 $
$$$$	200–300 $
$$$$$	über 300 $

TOP 10 Mittelklassehotels

1 Days Inn Vancouver Downtown

Das kleine Hotel residiert in einem historischen Gebäude von 1910, die einfachen, aber komfortablen Zimmer wurden jedoch vollständig renoviert. Zum Haus gehören ein Restaurant und eine Lounge, in Gehweite findet man viele Lokale und Attraktionen. *921 W Pender St • Karte K3 • 604 681 4335 • www.daysinnvancouver.com • $$$*

2 Granville Island Hotel, Vancouver

Das gemütliche Hotel auf Granville Island bietet hübsche Zimmer mit Blick auf den False Creek, hölzerne Fensterläden, sichtbare Deckenbalken und große Badewannen. Außer dem Restaurant Dockside gibt es noch weitere Lokale in der Umgebung. *1253 Johnston St • Karte H5 • 604 683 7373 • www.granvilleislandhotel.com • $$$$*

3 Georgian Court Hotel, Vancouver

Das Hotel mit klimatisierten Zimmern, Fitnessraum und Internet-Zugang ist bei Sportfans, die wegen eines Spiels in die Stadt kommen, beliebt: Sowohl BC Place als auch GM Place sind nur Minuten entfernt. Eines der beiden Hotelrestaurants ist das bekannte William Tell. *773 Beatty St • Karte K4 • 604 682 5555 • www.georgiancourt.com • $$$*

4 St. Regis Hotel, Vancouver

Das St. Regis liegt ideal für Shopping und Clubbing, bietet einige Zimmer mit Balkon, große Badewannen und einen fantastischen Blick auf den Hafen, die Stadt und die Berge. Alle Zimmer sind gut ausgestattet, bieten kostenlose Ortsgespräche und Internet-Zugang. *602 Dunsmuir St • Karte K3 • 604 681 1135 • www.stregishotel.com • $$$*

5 Cascadia Hotel & Suites, Vancouver

Die mit Küchen und Sitzbereichen ausgestatteten Suiten des nahe Yaletown und den Läden der Davie Street gelegenen Hotels eignen sich hervorragend für einen längeren Aufenthalt. Das Haus betreibt eine umweltfreundliche Abfallvermeidungspolitik. *1234 Hornby St • Karte J4 • 604 688 1234 • www.cascadiahotelvancouver.com • $$$*

6 Blue Horizon Hotel, Vancouver

Alle Zimmer des modernen Hotels bieten herrlichen Blick aus Panoramafenstern und von Balkonen sowie Federbetten, Kühlschränke und Klimaanlage. *1225 Robson St • Karte J3 • 604 688 1411 • www.bluehorizonhotel.com • $$$*

7 Century Plaza Hotel & Spa, Vancouver

Das Hotel bietet ein gutes Preis-Leistungs-Verhältnis. Besonders beliebt ist das Spa im europäischen Stil *(siehe S. 56)* mit Hallen- und Dampfbad. Es gibt eine gemütliche Lounge, ein Restaurant und eine Cappuccino-Bar. *1015 Burrard St • Karte J4 • 604 687 0575 • www.century-plaza.com • $$$*

8 Bedford Regency Hotel, Victoria

Hier locken altmodischer Charme und der Blick auf Victorias Hafen. Die Zimmer bieten Jacuzzis, gemütliche Gänsedaunendecken und Klimaanlagen. Internet-Zugang und Kaffee sind gratis. *1140 Government St • Karte P2 • 250 384 0036 • www.bedfordregency.com • $$$*

9 Gatsby Mansion Inn, Victoria

Das viktorianische Herrenhaus am Inner Harbour gefällt mit Antiquitäten, Restaurant, Garten und elegantem Ambiente. *309 Belleville St • Karte N4 • 250 388 9191 • www.gatsbymansion.com • $$$*

10 Quality Inn Downtown, Victoria

Nur zwei Blöcke vom Inner Harbour entfernt bietet das angenehme Hotel große Zimmer mit Küchenzeile. Tee, Kaffee, Ortsgespräche und Internet-Zugang sind gratis. Zudem gibt es Fitnessräume, ein Hallen- und ein Dampfbad. *850 Blanshard St • Karte Q3 • 250 385 6787 • www.victoriaqualityinn.com • $$$*

Wenn nicht anders angegeben, akzeptieren alle Hotels Kreditkarten und bieten Zimmer mit Bad und Klimaanlage.

Links **Lobby des Fairmont Hotel Vancouver** Rechts **Zimmer im Opus Hotel Vancouver**

TOP 10 Luxus- & Boutiquehotels

1 Opus Hotel Vancouver

Das elegante Boutiquehotel ist ein Trendsetter in Yaletown. Zum Haus gehören eine französische Brasserie und eine schicke Lounge. *322 Davie St • Karte J5 • 604 642 6787 • www.opushotel.com • $$$$*

2 Westin Bayshore, Vancouver

Das zwischen Stanley Park und Downtown gelegene Hotel verbindet die Vorzüge der beiden Gebiete: Naturerkundung und Outdoor-Aktivitäten sowie den Trubel der Innenstadt. Die Zimmer bilden einen gemütlichen Ruhepol nach erlebnisreichen Tagen. *1601 Bayshore Drive • Karte H2 • 604 682 3377 • www.westinbayshore.com • $$$$*

3 Listel Vancouver Hotel

Die Zimmer in dem schönen Boutiquehotel sind mit Werken von einheimischen Künstlern und Büchern, teilweise von Westküstenautoren, ausgestattet. Im O'Doul's Restaurant & Bar *(siehe S. 74)* gibt es jeden Abend Live-Musik. *1300 Robson St • Karte J3 • 604 684 8461 • www.thelistelhotel.com • $$$$*

4 Shangri-La Hotel, Vancouver

Im Herzen der Downtown bietet dieses Hotel 119 luxuriöse Zimmer, meist mit Balkon. In den großen Bädern sind in den Spiegeln Fernseher eingebaut. Haustiere sind willkommen. *1128 West Georgia St • Karte K3 • 604 689 1120 • www.shangri-la.com • $$$$$*

5 Wedgewood Hotel, Vancouver

Besitzerin Eleni Skalbania ist so bekannt wie ihr Boutiquehotel mit dem europäischen Flair. Hier wohnt man angenehm, wenn nicht gar luxuriös – die Zimmer werden zweimal täglich gereinigt. *845 Hornby St • Karte J3 • 604 689 7777 • www.wedgewoodhotel.com • $$$$*

6 Fairmont Hotel Vancouver

Das klassische, mehrmals renovierte Hotel aus dem Jahr 1939 ist in Vancouver eine Institution. Entspannung bieten ein Hallenbad, ein Spa und ein Fitness-Center, aber auch die luxuriöse Lounge in der Lobby, die an die gute alte Zeit erinnert. *900 W Georgia St • Karte J3 • 604 684 3131 • www.fairmont.com/hotelvancouver • $$$$$*

7 Metropolitan Hotel, Vancouver

Das preisgekrönte Hotel ist sehr erfolgreich, wenn es darum geht, Gäste zu verwöhnen, sei es mit europäischen Daunendecken, Marmorbädern, Hallenbad, Fitness-Center, Businesseinrichtungen, Restaurant oder Lounge. Ein Flur ist speziell für Raucher reserviert. *645 Howe St • Karte K3 • 604 687 1122 • www.metropolitan.com • $$$$*

8 Fairmont Empress Hotel, Victoria

Das berühmteste Hotel an der Westküste ist luxuriös und bietet kleine elegante Zimmer. Reservieren Sie Plätze für den englischen Nachmittagstee in der fantastischen Lobby *(siehe S. 99)* – das Erlebnis lohnt den hohen Preis. *721 Government St • Karte P4 • 250 384 8111 • www.fairmont.com/empress • $$$$$*

9 Wickaninnish Inn, Long Beach

Das Hotel eignet sich herrlich zum Ausspannen. Es steht malerisch auf einem Felsriff am Chesterman Beach *(siehe S. 32f)* und bietet Luxusunterkünfte im modernen Westküstenstil, ein großartiges Spa und ein Gourmetrestaurant. *Osprey Lane, Tofino • Karte A4 • 250 725 3100 • www.wickinn.com • $$$$$*

10 Sooke Harbour House, Sooke

In dem 30 Kilometer von Victoria entfernten Hotel ist alles schön: die Antiquitäten und die Kunst auf den Zimmern, der Meeresblick, das Luxus-Spa und der Biogarten, aus dem Zutaten für die weltbekannte Küche kommen. *1528 Whiffen Spit Rd • Karte D6 • 250 642 3421 • www.sookeharbourhouse.com • $$$$$*

 Hotel-Tipps **siehe S. 113**

Pan Pacific Vancouver

Preiskategorien

Preis für ein Standard-Doppelzimmer pro Nacht mit Frühstück (falls inklusive), Steuern und Service.

$	unter 100 $
$$	100–150 $
$$$	150–200 $
$$$$	200–300 $
$$$$$	über 300 $

TOP 10 Business- & Suitenhotels

1 Pan Pacific Vancouver

Zimmer und Luxussuiten des Hotels bieten einen spektakulären Blick auf die North-Shore-Berge. Das Kongresszentrum gehört zum selben Komplex. Das Pan Pacific gilt als das beste Kongresshotel in Nordamerika. *999 Canada Place • Karte L2 • 604 662 8111 • www.panpacific.com/vancouver • $$$$$*

2 Coast Plaza Hotel & Suites, Vancouver

Das preisgekrönte Hotel im West End bietet Zimmer und Suiten, 22 Konferenzräume, eine Gartenterrasse, ein Restaurant, Zimmerservice rund um die Uhr und ein gut ausgestattetes Fitness-Center. *1763 Comox St • Karte G2 • 604 688 7711 • www.coasthotels.com • $$$$*

3 Delta Vancouver Suite Hotel

Das zentral gelegene luxuriöse Suitenhotel überzeugt mit modernster Technik auf den Zimmern, Komfort, Service, Fitness-Center, Restaurant und Lounge. *550 W Hastings St • Karte K3 • 604 689 8188 • www.deltahotels.com • $$$$*

4 Fairmont Waterfront, Vancouver

Das Hotel ist durch eine eigene Passage mit dem Kongresszentrum verbunden und steht auf der Condé Nast Traveller Gold List. Zur Ausstattung gehören ein Fairmont-Gold-Concierge-Service und ein ganzjährig beheizter Außenpool. Die Zimmer sind ruhig. *900 Canada Place Way • Karte L3 • 604 691 1991 • www.fairmont.com/waterfront • $$$$$*

5 Four Seasons Hotel, Vancouver

Das für Geschäftsleute ideale Hotel über der Pacific Centre Mall bietet 24-Stunden-Concierge-Service, ein Fitness-Center, ein Schwimmbad, eine elegante Lounge mit Restaurant, Konferenzräume sowie einen 24-Stunden-Zimmer- und Parkservice. *791 W Georgia St • Karte K3 • 604 689 9333 • www.fourseasons.com/vancouver • $$$$$*

6 Lord Stanley Suites on the Park, Vancouver

Die möblierten Suiten mit einem und zwei Schlafräumen nahe dem Stanley Park eignen sich gut für längere Aufenthalte. Es gibt ein kostenloses kontinentales Frühstück, eine Tiefgarage, ein Fitness-Center und eine Sauna. *1889 Alberni St • Karte H2 • 604 688 9299 • www.lordstanley.com • $$$$*

7 910 Beach Apartment Hotel, Vancouver

Die verschiedenen, voll ausgestatteten Suiten bieten Extras wie Waschmaschinen und Trockner. Im Preis inbegriffen sind Fitness-Center und das kontinentale Frühstück. Die Tiefgarage kostet etwas. *910 Beach Ave • Karte H5 • 604 609 5100 • www.910beach.com • $$$*

8 Sunset Inn & Suites, Vancouver

Das Hotel in einem Hochhaus im lebhaften West End steht abseits der Hauptverkehrsstraße und ist somit relativ ruhig. Auf den Zimmern kann man kostenlos über WLAN das Internet nutzen. *1111 Burnaby St • Karte H4 • 604 688 2474 • www.sunsetinn.com • $$$*

9 Inn at Laurel Point, Victoria

Die großen Zimmer überzeugen mit ihrem Blick auf Victorias Inner Harbour. Unbedingt empfehlenswert ist das sonntägliche Brunchbüfett im Aura Restaurant. *680 Montreal St • 250 386 8721 • www.laurelpoint.com • $$$$*

10 Swans Suite Hotel, Victoria

Das preisgekrönte Hotel im Zentrum der Altstadt von Victoria gefällt mit einer großen Kunstsammlung und Suiten mit Küche, großen Schlafzimmern und Federbetten. Zum Haus gehören ein Brewpub, ein Bistro sowie ein Laden für Wein und Bier. Vom Penthouse kann man den Panoramablick genießen. *506 Pandora Ave • Karte P1 • 250 361 3310 • www.swanshotel.com • $$$*

Wenn nicht anders angegeben, akzeptieren alle Hotels Kreditkarten und bieten Zimmer mit Bad und Klimaanlage.

Links **Zimmer im O Canada House** Rechts **Vordere Veranda des West End Guest House**

TOP 10 Bed-and-Breakfast

1 O Canada House, Vancouver

Das hübsche Gasthaus von 1897 zeigt die alte Eleganz des West End etwa im Salon mit offenem Kamin. Alle Zimmer bieten große Betten und Bad. Im Preis ist das Gourmetfrühstück inbegriffen. *1114 Barclay St • Karte J3 • 604 688 0555 • www.ocanadahouse.com • $$$$*

2 West End Guest House, Vancouver

Das hübsche, rosa-graue viktorianische Haus von 1906 beim Stanley Park bietet Suiten mit ein und zwei Schlafräumen, kostenlose Parkplätze, einen Fahrradkeller, Telefon auf dem Zimmer sowie ein großes Frühstück. *1362 Haro St • Karte J3 • 604 681 2889 • www.westendguesthouse.com • $$$*

3 Corkscrew Inn B&B, Vancouver

In einem hübschen Haus von 1912 kombiniert das schicke B&B Art-déco-Charme – inklusive Buntglasfenster – mit Top-Annehmlichkeiten wie Federbetten, Bademäntel und Highspeed-Internet. Sehenswert ist das kleine Weinmuseum. *2735 W 2nd Ave • Karte B2 • 604 733 7276 • www.corkscrewinn.com • $$$*

4 English Bay Inn, Vancouver

Die Oase im West End bietet gemütliche antike Möbel, große Betten und Zimmer mit Bad. Der Tag beginnt angenehm mit einem großen Frühstück am Kamin. Parkplätze sind kostenlos. *1968 Comox St • Karte G2 • 604 683 8002 • www.englishbayinn.com • $$$$*

5 Fairholme Manor, Vancouver

Die sechs luxuriösen Suiten des restaurierten viktorianischen Herrenhauses bieten Blick auf die Berge und die Juan-de-Fuca-Straße. Das köstliche Frühstück wird auf der Veranda serviert. *638 Rockland Place • 250 598 3240 • www.fairholmemanor.com • $$$$$*

6 Victorian Hotel, Vancouver

Das Hotel wurde 1898 als eines der ersten in der Stadt eröffnet. Behutsam renoviert, hat es das viktorianische Flair mit Erkerfenstern, hohen Decken, antiken Möbeln und Hartholzböden bewahrt. Die Zimmer sind komfortabel mit Daunendecken und schönen Bädern ausgestattet. Der bewachte Parkplatz kostet etwas. *514 Homer St • Karte L3 • 604 681 6369 • www.victorianhotel.ca • $$*

7 Barclay House B&B, Vancouver

Das klassische Haus von 1904 ist ein ständiger Favorit im West End. Hier gefallen die geräumigen Suiten mit zwei Zimmern, das aufmerksame Personal, das dreigängige Frühstück, der Champagner zur Begrüßung, die schnurlosen Telefone und die kostenlosen Parkplätze. *1351 Barclay St • Karte H3 • 604 605 1351 • www.barclayhouse.com • $$$*

8 Abigail's Hotel, Victoria

Das B&B im Tudorstil bezaubert mit einem englischen Garten, Landhausmöbeln, frischen Blumen und einem Gourmetfrühstück. Einige Zimmer sind mit Whirlpool oder offenem Kamin ausgestattet. *906 McClure St • 250 388 5363 • www.abigailshotel.com • $$$$$*

9 Heathergate House, Victoria

Das Haus liegt großartig an Victorias geschäftigem Hafen und ist dennoch ruhig. Es gibt schicke Zimmer mit Bad und ein gut ausgestattetes Gartenhaus für vier Personen. Das englische Frühstück ist inklusive. *122 Simcoe St • 250 383 0068 • www.heathergatebb.com • $$*

10 Beaconsfield Inn, Victoria

Dunkle Mahagoniböden, Antiquitäten, Kamine, Federbetten und Zimmer mit Bad zählen zu den Annehmlichkeiten in dieser preisgekrönten viktorianischen Villa von 1905. Das Frühstück, der englische Tee und der tägliche Sherry sind inklusive. *998 Humboldt St • 250 384 4044 • www.beaconsfieldinn.com • $$$$*

Weitere Bed-and-Breakfasts **www.bedandbreakfasts-bc.com**

Eingang des YWCA Hotel/Residence

Preiskategorien

Preis für ein Standard-Doppelzimmer pro Nacht mit Frühstück (falls inklusive), Steuern und Service.	$	unter 100 $
	$$	100–150 $
	$$$	150–200 $
	$$$$	200–300 $
	$$$$$	über 300 $

TOP 10 Preisgünstige Unterkünfte

1 University of British Columbia, Vancouver

Von Mai bis August stehen auf dem schönen Campus der UBC 3000 Zimmer frei. Ganzjährig werden Suiten mit einem Schlafraum und Küche vermietet. Die UBC ist eine gut ausgestattete Stadt in der Stadt. *5961 Student Union Blvd • Karte A2 • 604 822 1000 • www.ubcconferences.com • $*

2 YWCA Hotel/Residence, Vancouver

Das für Rollstühle zugängliche Hochhaus mit zwölf Etagen ist auch für Familien geeignet. Es bietet freie Benutzung des Fitness-Centers und auf einigen Zimmern Fernseher. *733 Beatty St • Karte L4 • 604 895 5830 • www.ywcahotel.com • $*

3 Hostelling International Vancouver Downtown

Das freundliche, rund um die Uhr geöffnete Hostel im West End bietet Zimmer, Schlafplätze, Gemeinschaftsküche, Internet und Gepäckaufbewahrung. Das Frühstück ist inbegriffen. *1114 Burnaby St • Karte H4 • 604 684 4565 • www.hihostels.ca • $*

4 Hostelling International Vancouver Central

Das moderne Hostel bietet Zimmer und Schlafsaalbetten. Das effizient geleitete Haus liegt mitten in Vancouvers Clubviertel. Es gibt eine Wäscherei, eine Küche und eine Bar. *1025 Granville St • Karte J4 • 604 685 5335 • www.hihostels.ca • $*

5 Hostelling International Vancouver Jericho Beach

Das im Winter geschlossene Hostel ist 30 Busminuten vom Zentrum entfernt, doch die Fahrt lohnt sich auf jeden Fall. Das Haus am Strand ist rund um die Uhr geöffnet. Es bietet Zimmer, Schlafsäle, eine Gemeinschaftsküche und sichere Gepäckschränke. *1515 Discovery St • Karte A2 • 604 224 3208 • www.hihostels.ca • $*

6 Moda Hotel, Vancouver

Das Boutiquehotel in einem Haus aus dem Jahr 1908 verbindet klassischen Stil mit modernem Interieur. Die Zimmer sind mit Flachbildfernsehern, Highspeed-Internet und Kaffeemaschinen ausgestattet. Haustiere sind willkommen. *900 Seymour St • Karte K4 • 604 683 4251 • www.modahotel.ca • $$*

7 Kingston Hotel, Vancouver

Das lässige, makellose Haus aus dem Jahr 1910 bietet Zimmer mit und ohne Bad, ein Fernsehzimmer, eine Sauna und ein Restaurant. Das kontinentale Frühstück ist inklusive. *757 Richards St • Karte K4 • 604 684 9024 • www.kingstonhotelvancouver.com • $$*

8 C & N Backpackers Hostel, Vancouver

Das freundliche Hostel in der Nähe des Zentrums ist gut an das öffentliche Verkehrsnetz angebunden. Es ist mit Gemeinschaftsküchen und Internet ausgestattet. In einigen Zimmern stehen Fernseher. Die Schlafsäle sind nach Geschlechtern getrennt. *927 Main St • 604 682 2441 • www.cnnbackpackers.com • $*

9 Ocean Island Backpackers Inn, Victoria

Das rund um die Uhr geöffnete flippige Inn in einem historischen Haus in der Nähe von Victorias Inner Harbour ist sauber, komfortabel und sicher. Es gibt Zimmer und Schlafsäle. *791 Pandora Ave • Karte Q2 • 250 385 1788/1789 • www.oceanisland.com • $*

10 Paul's Motor Inn, Victoria

Das in einer ruhigen und sicheren Gegend gelegene, gepflegte Paul's Motor bietet einen guten Ausgangspunkt für Aktivititäten in Victoria und die Erkundung der Restaurants, Läden und Sehenswürdigkeiten. Die Zimmer bieten kleine Kühlschränke, Fernseher und Internetzugang. *1900 Douglas St • Karte Q2 • 250 382 9321 • www.paulsmotorinn.com • $*

Zimmer in privaten oder historischen Häusern sind meist nicht für Rollstühle geeignet. Erkundigen Sie sich vor der Buchung.

Textregister

U

V

W

Y

Z

Danksagung & Bildnachweis

Autorin
Constance Brissenden lebt seit Langem in British Columbia, derzeit in der Downtown von Vancouver. Sie hat zahlreiche Reise-, Geschichts- und Kinderbücher verfasst und ist Koautorin des *Eyewitness Travel Guide to the Pacific Northwest* von Dorling Kindersley.

Produktion International Book Productions Inc., Toronto

Editorial Director Barbara Hopkinson

Art Editor James David Ellis

Editors Judy Phillips, Sheila Hall, Quadrum Solutions

Senior DTP Designer Dietmar Kokemohr

Photo Research & Permissions Sheila Hall

Proofreader Helen Townsend

Index Barbara Sale Schon

Fotografien Cylla von Tiedemann

Zusätzliche Fotografien Tim Drape

BEI DORLING KINDERSLEY, LONDON:

Senior Editor Kathryn Lane

Art Editor Shahid Mahmood

Publishing Managers Jane Ewart, Scarlett O'Hara

Publisher Douglas Amrine

Designer Gadi Farfour

Grafik- & Redaktionsassistenz
Emma Anacootee, Rhiannon Furbear, Rose Hudson, Laura Jones, Priya Kukadia, Jude Ledger, Hayley Maher, Jane Mundy

Senior Cartographic Editor
Casper Morris

Senior DTP Designer Jason Little

Produktion Louise Daly

Kartografie Mapping Ideas Ltd.

DK-Bilddatenbank
Romaine Werblow

Bildnachweis

o=oben; u=unten; m=Mitte; l=links; r=rechts.

Wir haben uns bemüht, alle Urheber zu nennen. Sollte dies in einzelnen Fällen nicht gelungen sein, bitten wir dies zu entschuldigen. Wir sind gern bereit, fehlende Bildnachweise in künftigen Ausgaben zu ergänzen.

Dorling Kindersley dankt folgenden Personen, Unternehmen und Bildarchiven für die Erlaubnis, ihre Fotos zu reproduzieren:

ALCAN DRAGON BOAT FESTIVAL: Jessica Bushey 44m; BARD ON THE BEACH SHAKESPEARE FESTIVAL bei der Aufführung von *Viel Lärm um Nichts* (2004): 44ol; BC PLACE: 42or; BILL REID FOUNDATION: Kenji Nagai 35or; BLUE WATER CAFE: 40ur; BUTCHART GARDENS LTD, Victoria, BC, Kanada: 38ol, 101or; CANADA PLACE CORPORATION: 4–5, 13mro; CAPILANO SUSPENSION BRIDGE: 6mlu, 14mru, 14–15m, 15om, 15ul, 46ur; CHILL WINSTON: 64or; CIRCLE CRAFT CO-OP: Mundgeblasene Glasgefäße von Miyuki Shinkai 81ol; CITY OF VANCOUVER ARCHIVES: 11mr, 31mro; CITY OF VANCOUVER: *Inukshuk* von Alvin Kanak 1986 8ol, *The Crab* von George Norris 1968 34ur, *Captain John Deighton (Gassy*

Jack) von Vern Simpson 1970 60mro, *Gate to the Northwest Passage* von Alan Chung Hung 1980 76ol; COAST RESTAURANT: 73ol; CYPRESS MOUNTAIN: 48or; FAIRMONT HOTELS & RESORTS: 30ol, 64or, 69or, 92–93, 116ol; FOUR SEASONS RESORT WHISTLER: Michael Rafelson 29ol, 57ol; GALLERY CAFE AND CATERING: 75ol; GROUSE MOUNTAIN RESORT: 3or; HARBOUR CENTRE/THE LOOKOUT: 61u, 66–67; HSBC CELEBRATION OF LIGHT: 44ul; INN AT FALSE CREEK: 114or; METROPOLITAN HOTELS: 41o; MUSEUM OF ANTHROPOLOGY AT UBC: *The Raven and the First Men* von Bill Reid 1980 34mo, 36ol; NEW-SMALL & STERLING, LTD: 54mu; O'DOUL'S RESTAURANT AND BAR: 74ol; OPUS HOTEL: 116or; PACIFIC PALISADES HOTEL: 113ol; PRINCE OF WHALES WHALE WATCHING: 100ol; ROYAL BRITISH COLUMBIA MUSEUM: 7mlo, 24mu, 24mlo, 24–25m, 25ol, 25mr, 96or; SCIENCE WORLD BC: 23ol; SIMPSON PUBLIC RELATIONS: John Sherlock Studios 82ol; SQUAMISH CHAMBER OF COMMERCE/www.squamish.ca: Garry Broeckling 87ml; Todd Lawson 49sl, 89ol; Bill McComish 39sl, 89or; THE IRISH HEATHER: 51or; THE NEW OXFORD: 82or; THE POURHOUSE: 65ol; TOP TABLE RESTAURANT GROUP: 90ol; TOURISM VANCOUVER ISLAND: 26–27m; UNIVERSITY OF BRITISH COLUMBIA MUSEUM OF ANTHROPOLOGY: Bill McLennan 6ul, 16um, 16ml, 16or, 16–17; *The Raven and the First Men* Bill Reid 17ul; VANCOUVER AQUARIUM: 10or, 10ol, 10m, 11ul, 46or; VANCOUVER ART GALLERY: Emily Carr, *Logger's Culls*, 1935, Öl auf Leinwand, Collection of the Vancouver Art Gallery, Schenkung von Miss I. Parkyn, VAG 39.1, Foto: Trevor Mills 18–19m; Robert Davidson, *Eagles*, 1991, Gouache und Wasserfarben auf Papier, Vancouver Art Gallery Acquisition Fund, VAG 94.3, Foto: Teresa Healy; 19ul; Ken Lum, *Four Boats Stranded: Red and Yellow, Black and White*, 2000, Polyurethan, Stahl, Fiberglas und Farbe, Vancouver Art Gallery Major Purchase Fund, Canada Millennium Bureau und BC 2000 Community Spirit Fund; VAG 2000.25 a-d, Foto:Colin Goldie 18um; 18mlo; VANCOUVER CIVIC THEATRES: 42ol, 43or; VANCOUVER MUSEUM, KANADA (QFA 233): 76or; VANCOUVER SYMPHONY ORCHESTRA: 45sl; VIDA WELLNESS SPAS: 56ol; WEDGEWOOD HOTEL: 40or; WHISTLER BLACKCOMB RESORT: Therese Lundgren 3ur, Insight Photography 7mru, Toshi Kawano 28–29m, 30or; WICKANINNISH INN: 32–33; THE WOOD CO-OP GALLERY: 21um; YVR ART FEDERATION: *The Spirit of Haida Gwaii: The Jade Canoe* von Bill Reid 1994, Foto: Bill MacLennan 34m; Ahnenfiguren der Küsten-Salish von Susan Point 1996, Foto: Kenji Nagai 37ul.

Umschlag: Vorderseite: DK IMAGES: mlu; GETTY IMAGES: First Light/ Richard Hartmier Hauptbild. Buchrücken: DK IMAGES Gunter Marx. Rückseite: DK IMAGES Gunter Marx m, ml, mr.

Alle anderen Bilder
© Dorling Kindersley.
Weitere Informationen unter
www.dkimages.com

Straßenverzeichnis

Vancouver

British Columbia